Kurdisches Lesebuch

Kurmancî-Texte des 20. Jahrhunderts
mit Glossar

Von Hüseyin Ağuiçenoğlu

Reichert Verlag Wiesbaden 2005

Bibliografische Information Der Deutschen Bibliothek
Die Deutsche Bibliothek verzeichnet diese Publikation in der Deutschen Nationalbiografie;
detaillierte bibliografische Daten sind im Internet über http://dnb.ddb.de abrufbar.

ISBN: 3-89500-464-2
www.reichert-verlag.de

Printed in Germany

Inhalt

Vorwort ... VII
Kapitel 1 ... 1
Marên gundê me ... 1
Özel Diyarbakır Kürt Dili Öğretim Kursu ... 1
Çend salî ye? ... 2
Şiret ... 2
Cudayî ... 3
Glossar ... 4
Kapitel 2 ... 8
Dendika erûgê ... 8
Ştêfî Graf dîsa li tênis vedigere ... 8
Tam tama çemçikê ye ... 9
Evîn ... 9
Rojbaş ... 10
Glossar ... 11
Kapitel 3 ... 14
Kêr û Çetel ... 14
Bîroya PENa Kurd a li Stenbolê şahiyek li dar xist ... 16
Bila çar perçe be! ... 16
Sibehê dilê min ... 16
Glossar ... 18
Kapitel 4 ... 22
Masîyên Bejî ... 22
Ji bo gel û hunera Kurd serbilindîyeke teze ... 24
Di pey A re kîjan herf tê? ... 24
Gulfiroş ... 25
Glossar ... 26
Kapitel 5 ... 29
Rabûn û Rûniştin ... 29
Li Almanyayê perwerdeya zimanê kurdî ... 30
Ez meymûnê naxwazim ... 31
Leşkerê Winda ... 31
Glossar ... 33
Kapitel 6 ... 36
Sazbendên Bremenê ... 36

Şeva çandî û wêjeyî ya hunermenda kurd a herî bi nav û deng Gulîstan 38
Ji jina xwe natirse! 39
Dayê 39
Glossar 41
Kapitel 7 44
Bîsmîllahîrrehmanîrrehîm 44
Li Hannoverê şevek ji bo xwendina helbestên kurdî 46
Feyda ziman 46
Rûken be 46
Glossar 48
Kapitel 8 51
Mar dûvê xweyî qut bîr nake 51
Merivê bê derdî bê kirase 52
Pirtûkeke dersê ya nû 53
Lawik hêdî dimeşya 53
Bahoz 54
Pîrozî 55
Glossar 56
Kapitel 9 60
Zilamek û zimanek 60
Ji weşanxaneya Belkiyê li Amedê du Romanên nû 62
Dims ji çi çêdibe? 62
Bilûra min 63
Glossar 65
Kapitel 10 69
Bedirxanî; mîrên Kurdan, xwedanşan, lê bindest 69
Li Rûsya Federal zarokên kurd ên êzîdî fêrî zimanê kurdî dibin 73
Navê cehş bi Tirkî çi ye? 73
Gula Rojhilat im 74
Glossar 76

Wörterverzeichnis 81

Quellenangabe 110

Vorwort

Die vorliegende Chrestomathie ist im Rahmen meiner Lektorentätigkeit im Fach Iranistik an der Universität Bamberg entstanden. Sie dient dem Zweck, Studierende und Interessenten mit Vorkenntnissen in die Welt der kurdischen Schriftsprache einzuführen.

Die Forschung über die kurdische Sprache (Kurmancî) befindet sich noch im Anfangsstadium. Gründe sind u. a. die über Jahrzehnte in den Heimatgebieten betriebene Sprachassimilationspolitik und das Fehlen eines wissenschaftlichen Zentrums für kurdische Studien. Die vor allem im Ausland isoliert voneinander betriebenen vereinzelten sprachwissenschaftlichen Forschungstätigkeiten stellen nur bescheidene Schritte auf dem langen Weg zur Schaffung einer schriftlichen Standardsprache dar. Im Zuge der Aufhebung des Sprachverbotsgesetzes und der Einführung liberaler Reformen in der Türkei ist es zwar zu einem Publikationsboom über die kurdische Sprache gekommen. Trotz dieser neuen Entwicklung ist man aber noch weit davon entfernt, die über die Jahre entstandenen Forschungslücken zu schließen. Gleichwohl spricht man heute in der Türkei in Anbetracht des seit einigen Jahren bestehenden großen Interesses an der kurdischen Kultur, Sprache und Literatur von einer „kurdischen Renaissance". Innerhalb kürzester Zeit wurden nicht nur zahlreiche Fachzeitschriften, Tageszeitungen, Kinderbücher, Romane, Wörterbücher usw. herausgegeben, sondern auch kurdische Rundfunk- und Fernsehsender gegründet. In vielen Städten der Türkei wurden Sprachkurse eingerichtet, und sogar das staatliche türkische Fernsehen begann, Sendungen auf Kurdisch auszustrahlen.

Ähnliche Bestrebungen und Aktivitäten beobachten wir bei den in Deutschland lebenden Kurden, deren Zahl immerhin auf 500.000 geschätzt wird. In einigen Bundesländern dürfen die kurdischen Schulkinder Kurdisch als Wahlfach (Muttersprache) belegen. Die kurdischen Printmedien sowie die in Deutschland ansässigen Radiosender und Satellitenprogramme fördern die Entstehung einer kulturell aktiven kurdischen Gemeinschaft, welche so bis vor einigen Jahren nicht existierte.

Das Interesse am Erlernen der kurdischen Sprache wuchs mit dem Kurswechsel in der türkischen Kurdenpolitik: Der Waffenstillstand und die darauffolgende Entspannungspolitik machten den Weg frei in die bis vor kurzem als gefährlich geltenden Kurdengebiete - nicht nur für Urlauber, sondern auch zu Forschungszwecken.

Dieses Lesebuch versucht, einen kleinen Beitrag zum Erlernen des Kurmancî zu leisten. Die hier gebotenen Texte erstrecken sich über eine Zeitspanne von über 100 Jahren. Bei der Textauswahl wurden also sowohl die am Anfang der kurdischen Schriftsprache stehenden „klassischen" als auch die neuesten Texte berücksichtigt. Dabei wurde darauf geachtet, dass die Texte neben der didaktischen Eignung für den

Sprachunterricht auch inhaltlich möglichst verschiedenartige Aspekte des kurdischen kulturellen Lebens widerspiegeln. Darüber hinaus wurden, um die Verschiedenartigkeit des Sprachgebrauchs in den einzelnen Regionen aufzuzeigen, Texte aus den jeweiligen von Kurmancî-Sprechern dominierten Gegenden (Türkei, Syrien, Ex-Sowjetunion usw.) ausgewählt. Aus diesem Grund wurde auf jeglichen Standardisierungsversuch, sei es im Bereich der Orthographie oder der Lexikographie, verzichtet.

Die Texte sind dem Schwierigkeitsgrad nach progressiv angeordnet, und die Kapitel sind identisch aufgebaut. Jedes Kapitel besteht aus sechs Teilen: einem Haupttext, einem journalistischen Nachrichtenteil, einem satirischen Teil, einem Poesieteil, einem Sprichwortteil und einem Vokabelteil. Die Wörter werden in der Regel bei ihrem ersten Vorkommen aufgeführt. Während der Vokabelteil jedes einzelnen Kapitels sich am Verlauf der jeweiligen Texte orientiert und stark auf das entsprechende Kapitel bezogen ist, hat das alphabetische Glossar am Ende des Buches einen allgemeinen und ausführlicheren Charakter. Es wurde angestrebt, dass sich die Benutzung zusätzlicher lexikalischer Hilfsmittel für die im Buch enthaltenen Texte weitgehend erübrigt.

Für die Entstehung dieser Chrestomathie hat Herr Prof. Dr. Bert G. Fragner den institutionellen und finanziellen Rahmen geschaffen. Ohne ihn wäre dieses Buch nicht zustande gekommen. Deshalb bedanke ich mich an dieser Stelle ganz herzlich bei ihm.

Bamberg, im Frühjahr 2005 — Hüseyin Ağuiçenoğlu

KAPITEL 1

A. Text

Marên gundê me

Mahmûd Baksî

Li gund ne tenê gur bela serê me bûn, mar jî pir bûn. Marên reş, marên gewr û deqdeqî. Carinan dibû vîze vîza wan û didan pê me. Hinek ji wan wek werîsan dirêj bûn. Hinek jî zikwerimî bûn. Yên zik gewr gelek dijwar bûn. Wan mirov pêre pêre dikuştin.
Carinan em li ser gihê rûdiniştin. Marên di nav giha de veşartî, xwe nêzî me dikirin. Wê gavê dibû xişe xişa gihan. Kûçikên me dihewtiyan û em şiyar dibûn. Kûçikan newêrîbûn bi ser wan de biçin. Lê em ewqas ne tirsonek bûn. Me radihîşt gopalên xwe û êrişî ser wan dikir.
Rojekê em zarok dîsa li ser mêrgê rûniştibûn. Em şeş kur û çar keç bûn. Pez mexel bûbû. Min dît, nişkave qîjînî bi hevalê me Welêt ket. Wî bi qorika xwe girt û ji cihê xwe pekiya. Marekî reşbelek pê vedabû. Mar direviya. Me mar da ber kevir û gopalan û pelçiqand. Xwîşka min Sêvê ber bi mîhan bazda. Bîstekê şûnde vegeriya, ku devê wê tijî şîr bû. Sêvê devê xwe xist qorika Welêt û mêt. Wê xwîna Welêt ji jehrê paqij kir.
Welat di nav çend rojan de baş bû û dîsa bi me re hat ber pêz.

B. Nûçe

„Özel Diyarbakır Kürt Dili Öğretim Kursu“

Li Amedê (Diyarbekir) jî bi coşeka mezin kursa kurdî vebû. Bi hezaran kes beşdarî merasîma vekirina kursê bûn. Serokê Şaredarîya Amedê yê nû Osman Baydemîr, serokê kevin Ferîdûn Çelîk û sekreterê Sendîqaya Mamosteyan, EGITIM SEN, şaxa Amedê Medenî Alpkaya bi hev re kordeleya vekirinê birrîn û axaftin kirin. Medenî Alpkaya di axaftina xwe de weha got: „Riya me hîn dûr e. Ji me re tenê kursek têrê nake. Em dixwazin êdî bi tirkî bang li zarokên xwe nekin. Em dixwazin danûsitandinên xwe bi kurdî bikin. Em êdî dixwazin xewnên xwe bi kurdî bibînin.“
Nûnerên hin rêxistinên çandî û civakî, serokên şaredarîyên hin bajarên Kurdistanê jî beşdarî merasimê bûn.
Em hêvîdar in, ku ev kurs xizmeta parastin û pêşve birina zimanê kurdî bike. Bi vê hêvîyê em kursa kurdî ya Amedê li gelê kurd pîroz dikin û ji rêvebir, mamoste û şagirdên kursê re serketinê dixwazin.

C. Pêkenok

Çend salî ye?

Hakim ji jinika şahid dipirse:
- Tu çend salî yî?
Jinik:
- 28 sal û çend meh!
Hakim:
- Yanê çawa çend meh?
Jinik:
- Yanê ez 28 sal û 115 mehî me!

D. Helbest

Şîret

Şêrko Bêkes

Gelek tişt henin zingar digrin
ji bîr terin
û
dû ra dimirin
wek tac
û
gopal
û
textê bin nigê padîşahan.
Gelek tişt jî li dinê henin
narizin û
ji bîr nabin
û
tu car namirin
wek şewqe
û
gopal
û
pêlavê Charles Chaplin.

Cudayî

Şêrko Bêkes

Eger ji nav şîîrên min
Gul bavêjin derve
Ji çar werzan
Werzekî min dimire.
Eger yar bavejin derve
Dudu dimirin.
Eger nan bavêjin derve
Sisê dimirin.
Eger azadî bavêjin der
Sala min dimiri
Û
Ez bi xwe jî dimirim.

E. Gotinên Pêşîyan

Aqil sivikî bar giranî ye.
Xizanî nezanî ye.

F. Glossar

A.

mar *m* Schlange
gund *m* Dorf
ne nicht
tenê allein, nur
gur *m* Wolf
bela *f* Unannehmlichkeit, Übel, Unglück
ser *m* Kopf, Oberseite
bela ser Plage, Verdruss, Quelle dauernden Ärgernisses
bûn sein, werden, existieren
pir sehr, viel
reş schwarz
gewr bräunlich- oder schwärzlich-grau
deqdeqî gefleckt, gesprenkelt
carina manchmal
vîze vîz *f* Zischen, Schwirren
pê dan hinter her sein, verfolgen, nachjagen
hinek einige, manche, ein wenig, etwas
ji von, aus
wan ihnen, sie
wek wie, als
werîs *m* Seil, Kordel, Schnur
dirêj lang, groß
jî auch, ebenfalls, gleichfalls
zik *m* Bauch
werimîn anschwellen, aufgebläht sein
gelek viel, sehr, zahlreich, mehrere, einige
dijwar gewalttätig, angriffslustig; schwierig; streng
mirov *m* Mensch, Mann, Person; man
pêre pêre zerstückelt, zerteilt
kuştin töten
giha / giya *m* Gras, Rasen, Kraut
rûniştin sich setzen, sitzen; wohnen
nav *f* Mitte, Zentrum; mitten, inmitten, zwischen, unter
veşartin verstecken, aufbewahren; begraben
veşartî versteckt
xwe sich, selbst
nêzî(k) kirin nähern
gav *f* Moment, Augenblick, Zeit
xişexiş *f* Rascheln, Knistern
kûçik *m* Hund
hewtîn bellen
şiyar wach
şiyar bûn aufwachen
wêrîn / wêran wagen, sich trauen
bi ser de çûn angreifen
lê aber
ewqas / ev qas soviel, so, ebenso
tirsonek feige, ängstlich
rahiştin ergreifen, nehmen
gopal *m* Stock, Stab, Spazierstock
êriş kirin angreifen, attackieren
roj *f* Tag, Sonne
zaro(k) *m* Kind, Junges
dîsa wieder, wieder einmal, noch einmal
mêrg *f* Wiese, Weide, Aue
şeş sechs
kur *m* Junge, Sohn
çar vier
keç / keçik *f* Mädchen, Tochter
pez *m* Kleinvieh
mexel bûn sich hinsetzen (*Tier*)
dîtin sehen; finden
nişk *f* Moment, Augenblick
nişkave (ji nişkê va) plötzlich
qîjînî pê ketin schreien

qorik / qor *f* Bein
pê girtin anfassen, festhalten, fassen, festnehmen
cih / cî *m* Platz, Stelle, Ort, Gegend
pekîn springen
reşbelek schwarzweiß, bunt, gefleckt
pê vedan stechen, beißen
revîn / revîyan fliehen, fortgehen, flüchten, rennen
me wir, uns
ber *f* Vorderseite, vor
kevir *m* Stein
pelçiqandin zerdrücken, zerquetschen
xwîşk *f* Schwester
ber bi gegen, in Richtung auf, zu, entgegen
mîh *f* Schaf
bazdan fliehen, springen, laufen
bîstek *f* Weile
şûnde danach, schließlich
vegerîn zurückkehren, umdrehen
dev *m* Mund
tijî voll
şîr *m* Milch
xistin stecken
mêtin saugen, einsaugen, aufsaugen
xwîn *f* Blut
jehr *f* Gift
paqij kirin sauber machen, säubern, reinigen
çend wieviel; einige
baş gut, schön, heil

B.

coş *f* Begeisterung,
mezin groß
kurs *f* Kurs
kurdî kurdisch
vebûn geöffnet werden, eröffnet werden, sich öffenen
hezar tausend
kes *m* Person, Mensch; jemand, niemand
beşdar bûn teilnehmen, anwesend sein
merasîm *f* Zeremonie, Feierlichkeit
vekirin öffnen, eröffnen
serok *m+f* Führer(in), Oberhaupt, Präsident(in)
şaredarî *f* Stadtsverwaltung, Stadtgemeinde
serokê şaredarî *m* Bürgermeister
nû neu
kevin / kevn alt, bejahrt, langjährig
sekreter *m+f* Sekretär(in)
sendîqa *f* Gewerkschaft
mamoste *m+f* Lehrer(in)
şax *f* Abteilung, Zweig
bi hev re gemeinsam, zusammen, miteinander
kordele *f* Band, Kordel
birrîn / **birîn** (ab-)schneiden, (ab-)brechen
axaftin kirin eine Rede (Ansprache) halten
axaftin *f* Rede, Gespräch, Wort; sprechen, reden
weha so, wie
gotin *f* Wort, Rede; sagen, sprechen, reden, mitteilen
rê *f* Weg, Straße
hîn noch
dûr weit, fern
têr kirin genügen, satt machen
xwestin wollen, wünschen
êdî nun, von nun an, künftig

tirkî türkisch
bang kirin rufen
danûsitandin *f* Beziehung, Verhältnis, Verbindung; austauschen
xewn *f* Traum, Vision
xewn dîtin träumen
nûner *m+f* Vertreter(in), Gesandte(r)
rêxistin *f* Organisation
çandî kulturell
civakî gesellschaftlich
bajar *m* Stadt
hêvîdar hoffnungsvoll, erwartungsvoll
xizmet kirin dienen, bedienen
parastin verteidigen, schützen, aufbewahren, beschützen, erhalten
pêşve birin vorantreiben
ziman *m* Sprache, Zunge
hêvî *f* Hoffnung, Erwartung
gel *m* Volk, Nation, Leute
pîroz kirin gratulieren, beglückwünschen
rêvebir *m+f* Organisator(in), Leiter(in)
şagird *m+f* Schüler(in)
serketin *f* Erfolg, Sieg, Gelingen; Erfolg haben, gelingen

C.

hakim *m+f* Richter(in)
jinik / **jin** *f* Frau
şahid *m+f* Zeuge, Zeugin
pirsîn fragen, nachfragen
tu du
sal *f* Jahr; (Lebens-)Alter, (Lebens-)Jahr
meh *f* Monat, Mond
yanê nämlich, das heißt
çawa wie

D.

şîret *f* Rat, Empfehlung
tişt *m* Sache, Ding, Angelegenheit
hebûn haben, existieren, besitzen
zingar *f* Rost
zingar girtin verrosten, einrosten
bîr *f* Sinn, Gedächtnis, Erinnerung
dû *f* hinter, nach
dû ra danach
mirin sterben
tac *f* Krone
text *m* Thron; Brett
bin *m* Grund, Boden, unter, unterhalb
nig / ling *m* Fuss, Bein
dinê / dinya *f* Welt, Universum, Erde
rizin verderben, verfaulen
ji bîr bûn vergessen werden
tu car / tucaran nie, niemals
şewqe *f* Hut, Mütze
pêlav *f* Schuh; Schritt
cudayî *f* Unterschied
eger wenn, falls, wenn doch
şiîr *f* Gedicht, Poesie
gul *f* Rose, Blume
avêtin werfen, wegwerfen, schmeißen
derve *f* Ausland; draußen, außerhalb
werz *m* Jahreszeit; Feld
yar *m+f* Geliebte(r)
dudu / du zwei
nan *m* Brot
sisê / sê drei
azadî *f* Freiheit, Unabhängigkeit
der hinaus, heraus

E.

aqil *m* Verstand
sivikî *f* Leichtigkeit
bar *m* Last
giranî *f* Schwierigkeit, Gewicht
xizanî *f* Armut, Elend
nezanî *f* Unwissenheit, Unkenntnis, Ignoranz

KAPITEL 2

A. Text

Dendika erûgê

Leo Tolstoy

Dayê ji zarokên xwe re erûg kirîbûn. Wê erûg kirin taseke mezin û danîn ser masê ku piştî şîvê wan li zarokên xwe parve bike. Lawê wê Wanya, heta wê rojê qet erûg nexwaribûn. Loma erûgan bala wî pir dikişand. Ew li dorhêla erûgan diçû dihat, dida lotikan, li wan dinihêrî û bihîn dikirin. Erûgan av bi ser devê wî dixist. Wî dît ku di odê de bi tenê maye. Ma êdî kes dikare Wanya bigire! Hema rahişt erûgekê û bi carekê de avêt devê xwe. Dayê berî şîvê erûg hejmartin. Yek kêm bû. Wê çû û ji mêrê xwe re got. Mêrik, zarokên xwe li dora masê civandin û ji wan pirsî:
- Delaliyên min! Erûgek kêm e, ma we kê xwariye?
Hemûyan bi hev re:
- Na, me nexwariye.
Lê rûyê Wanya weke xwînê sor bû û got:
- Na, min tiştek nebiriye.
Piştî van gotinan bavê zarokan axaftina xwe weha domand:
- Kesê ku ew erûga xwariye, helbet tiştekî nebaş kiriye. Lê ji wê xirabtir jî tişt hene. Di erûgê de dendik heye. Kesê ku dendika erûgê bixwe, di nav rojekê de dimire. Tiştê herî xirab ev e. Tirsa min ji vê yekê ye.
Rûyê Wanya zer bû û qîjînî pê ket:
- Na min dendik nexwar, min dendik di pencerê re avêt derve!
Hemû bi hev re keniyan, lê Wanya dest bi girî kir.

B. Nûçe

Ştêfî Graf dîsa li tênis vedigere

BERLIN. Leystikvana tênis a elman Ştêfî Graf (35) dê piştî pênc salan ji jiyaneke bêyî tênis careke din dakeve meydana tênis. Graf dê 25ê îlonê li Berlînê di leystikeke „şow“ de li dij leystikvana ercentînî Gabriyêla Sabatînî bilîze. Leystikgeha tênis a li Berlînê dê derbarey vê leystikê li ser navê Ştêfî Graf bête binavkirin. Leystikvana elman Graf bi salan stêrkeke tênisa jinan bû. Ew ji sala 2001 ve bi stêrka tênisa mêran Andrê Agasî re zewicî ye û du zarokên wan hene.

C. Pêkenok

Tam tama çemçikê ye

Malxoyê malê kefçîya xwe li şorba nîskan dixe û dike devê xwe dixwe. Dinêre ku tama wê gelek xweş e. Weha diqîre:
- Oxxx, ev şorbe çi qas xweş e!
Bûka wî dibêje:
- Min pehtîye.
Mêrik bi peyva bûka xwe razî nabe:
- Naa, ev tama xweş ne ji pehtinê ye!
Dota wî ya mezin dibêje:
- Min rûn avêtîye'e.
Mêrik bi peyva dota xwe jî dilbicî nabe:
- Naaa, ev tama xweş ne ji rûn e jî!
Dota wî ya navîn dibêje:
- Min xwey avêtîy'ê:
Mêrik peyva wê dota xwe ji qebul nake:
- Naaa, ev tama xweş ne tama xwey e jî!
Dota wî ya biçûk dibêje:
- Min îsot avêtîy'ê.
Mêrik peyva dota xwe ya biçûk jî têw nake:
- Ev tama xweş ne tama îsotê ye jî!
Xêzana wî dibêje:
- Wextê ku şorbe di beroşê da dikelîya, min bi çemçikê li hev xist û tevda.
Hingê mêrik weha bersîv dide:
- Hah, ji ber wê yekê ye ku şorbe ev qas xweş e! Nexu ev tama xweş tama çemçika te ye!

D. Helbest

Evîn

Kemal Burkay

Evîn çi ye, germîya dest û çavan e
Evîn çi ye, ji dil tê, kilam e
Baran e li ser axa havînê
Pel û ba ye
Evîn azadî ye
Him dilop e, him derya ye.

Rojbaş

Kemal Burkay

Rojbaş dinya!
Rojbaş ewrên reş û sipî
Dar û ber, gîya, mêş û mûrî
Rojbaş roja zer û sîs
Gulên rengîn
Çûkên dengîn
Rojbaş zinarê mezin
Toza ber lingê min
Gelîyê kûr
Çîyayê dûr
Ava çirik
Gula dirik
Ba û baran
Rojbaş jîyan!

E. Gotinên Pêşîyan

Cîran derîyê malê ye
Li şûnên hespan ker nê girêdayin.

F. Glossar

A.

dendik *f* Korn, Kern
erûg *f* Pflaume
dayê *f* Mutter
kirîn kaufen, erwerben
tas *f* Schüssel
danîn legen, setzen, stellen
mase *f* Tisch
da ku damit, um zu, so dass
piştî nach
şîv *f* Abendessen
parve kirin verteilen, aufteilen, teilen
law *m* Junge
heta bis
qet / qe überhaupt (*mit Verneinung*)
xwarin *f* Essen, Nahrung, essen
loma deshalb, daher
bal *f* Aufmerksamkeit, Interesse
kişandin ziehen
bal kişandin interessieren
dorhêl *f* Umgebung, Umgegend
çûn gehen
hatin kommen
lotik *f* Sprung
nihêrin / nêrin sehen, schauen
bihn kirin riechen
av bi ser dev xistin jemandem das Wasser im Munde zusammenlaufen lassen
ode *f* Zimmer, Raum
man / mayin bleiben, aufhalten
karîn können
girtin halten, festhalten, nehmen
hema gleich, sofort
carek einmal
bi carekê de auf einmal
berî vor
hejmartin zählen
yek eins, ein, jemand, ein(-er, -e, -es)
kêm wenig
mêr *m* Mann, Ehemann
dor *f* Nähe, Umgebung; um ... herum
civandin sammeln, zusammenbringen
delalî *f* Liebe
hemû alle
na nein
rû *m* Gesicht
sor rot
birin wegnehmen, mitnehmen
domandin fortsezten
helbet natürlich, gewiss
xirab / xerab schlecht, schlimm, kaputt
tirs *f* Schrecken, Angst, Frucht
zer gelb
qîjînî pê ketin schreien
pencere *f* Fenster
kenîyan / kenîn lachen
dest pê kirin anfangen
girîyan / girîn weinen

B.

leystikvan *m+f* Spieler(in)
elman *m+f* Deutsche(r)
pênc fünf
jiyan *f* Leben, Existenz; leben, wohnen
bêyî ohne, außer
careke din erneut, noch einmal
daketin herabsteigen, hinuntergehen
meydan *f* Platz, Ort, Feld, Arena
îlon *f* September
leystik *f* Spiel
dij gegen

ercentînî *m+f* Argentinier(in)
lîstin spielen
leystikgeh *f* Stadion
derbare betrefend, hinsichtlich, über
binavkirin (be-)nennen, bezeichnen
stêrk *f* Stern
jin *f* Frau
zewicî verheiratet

C.

tam *f* Geschmack
çemçik *f* Schöpflöffel
malxo *m* Hausherr, Familienoberhaupt
kefçî *f* Löffel
şorbe *f* Suppe
nîsk *f* Linse
xweş schmackhaft
qîrîn / qêrîn laut rufen, schreien
çi qas wie viel, wie sehr
bûk *f* Schwiegertochter, Braut
pehtin kochen
peyv *f* Wort, Worte, Rede
razî bûn einverstanden sein, zufrieden sein
dot *f* Tochter
rûn *m* Butter, Öl, Fett
dilbicî befriedigt, zufriedengestellt
navîn *m+f* mittlere(r)
xwey *f* Salz
qebûl kirin annehmen, akzeptieren
biçûk klein, jünger
îsot *f* Paprika, Pfeffer
xêzan *f* Ehefrau
wextê ku als, wenn, während
beroş *f* Kochtopf
kelîyan kochen
li hev xistin zusammenmischen
tev dan umrühren
hingê dann, folglich, nun, also
bersîv *f* Antwort
ji ber wê yekê deswegen, aus diesem Grund
nexu / nexwe sicher, gewiss, zweifellos

D.

evîn *f* Liebe
çi was; welch(-er, -e, -es)
germî *f* Wärme
dest *m* Hand
çav *m* Auge
dil *m* Herz
kilam *f* Lied, Gesang
baran *f* Regen
ax *f* Erde, Boden
havîn *f* Sommer
pel *m* Blatt, Zweig
ba *m* Wind, Luft
him ... him sowohl ... als auch
dilop *f* Tropfen
derya *f* Meer
rojbaş Guten Tag
ewr *m* Wolke
sipî weis
dar û ber *f* Bäume und Sträucher, alles Grüne
mêş *f* Biene
mûrî *m* Ameise
sîs weiß, hellfarbig
reng *m* Farbe
rengîn bunt, farbig
çûk *m* Vogel
deng *m* Stimme, Ton, Laut
dengîn stimmhaft, laut
zinar *m* Felsen, Stein
toz *f* Staub
ber *f* Vorderseite, Richtung; vor

gelî *m* Engpass, Schlucht
kûr tief
çîya *m* Berg
av *f* Wasser
çirik *f* Dachrinne
dirik *f* Brombeerstrauch
derî *m* Tür
mal *f* Haus, Wohnung
şûn *f* Stelle, Ort, Platz
hesp *m* Pferd
ker *m* Esel
girêdan (an-, zu-, fest-)binden

E.

cîran *m+f* Nachbar(in)

KAPITEL 3

A. Text

Kêr û Çetel

Erebê Şemo

Mala me li gundekî Qersê bû. Rojekê dersdara gundê me nameyek da min û ez şandim Qersê. Mêrê dersdarê li Qersê karmend bû û du kurên wê jî li wir, li ba wî dixwendin. Min ji destê dersdarê nameyek, tûrek û pereyên heqê xwe girtin. Heqê çûyina min, ez şa dikirim. Min bi eşq tûr avêt ser milê xwe, kaxez kire paşila xwe, pişta xwe qaîm girêda û berê xwe da bajêr. Ez ku hatim nav bajêr, ez gelekî geriyam. Kesekî ew kuça mala dersdara me nîşanî min neda. Paşê ji nişkê va hate bîra min, ku dersdarê gotibû, „mala me li nêzî îstasyona otobozan e“. Çawan ku ez çûm aliyê îstasyonê, min di dest xwe de kuça wan dît.
Ez nêzîkî xaniyekî bûm, min nihêrî ku du zarok ji xwe re dilîzin.
Min dihna xwe da wan herdu kurên ku dilîstin, niqitî dilê min, ku ev kurên xanimê ne. Min kaxez dirêjî yekî kir. Wî kir gazî û got:
„Bavo, bavo ji cem diya me name hatiye.“
Ez ecêbmayî mam. Wî çawa ûsa zû tê derxist ku ev kaxez ji cem diya wan hatiye, wî kengê ez dîtime? Ez hîn difikirîm, min hew nihêrî ku mêrikekî bilind û bi berçavik ji hundur derket, kaxez ji dest min girt û xwend. Zarok jî hatin dora min girtin. Wî mêrikî da pêşîya min ez birim xênî. Zarokan jî da pey me hatin û bû pistepista wan, bi hev re xeber didan. Min şerm dikir. Ez soro-moro bûm. Şermbûnê ez kûvî kirim.
Paşê ez pê hesiyam, ku xanimê di wê nameyê de nivisîbû, „ê ku kaxezê tîne kurd e“. Lema ew wisa li dora min tijî bûbûn û li min dinêrîn. Kifş bû, xanimê di nameyê de nivisîbû, ku mêrê wê jê re hûr-mûr bikire. Mêrik çû bajêr ku kirîna xwe bike. Berdestîya wan teyfikek tijî şorbe kir û li ber min danî. Kevçî, kêr û çetelek jî li teniştê danîn. Ez ecêbmayî mam. Min nizanibû ku ji bo çi ew kêr û çetel danîn ber min. Min şorbe bi kevçî xwar. Kêr û çetel jî kirin bêrîya xwe. Min got qey ew lîstokên zarokan in û wek diyarî dan min.
Berdestiya wan yeka qalind û sûretsor bû. Wê qet çavên xwe ji min nedibirîn. Wê dît, ku min çawa eşkere kêr û çetel kirin berîya xwe. Çû û ji xwedîyê malê re got. Xwedîyê malê, bi du qutîyên hesinî hat hundur û got:
„Van herdu qutîyan têke bêriya xwe.“
Wî ev yek bi qestî ûsa kir, ku bizanibe, ez kêr û çetelê çawa vedişêrim. Lê ez dilsax bûm. Min kêr û çetel bi serfirazî ji beriya xwe derxistin, ku ez têkim paşila xwe ku ji qutiyan re cih vala bibe.

Gava ku wî kêr û çetel dîtin, pirsî, „te çima ev kêr û çetel kirine beriya xwe?“ Min got, „çima, ma we ew diyariyê min nekirine?“

Mêrik got, „çi diyarî çi hal. Ew dane te ku tu pê xwarinê bixwî.“

Hîn ev gotin di devê min û mêrik de bûn, zarok reviyan cîranan û gotin, „vî Kurdî kêr û çetela me dizîye.“

Mitbax ji cîranên wan tijî bû. Hin jinan ji hev re digot, „Kurd tev wisan diz in, qaçax in. Hele binihêr…evê piçûk hatiye vira, dîsa bê dizîyê nahewe…“. Hinan jî digot, „bigrin, bikutin, paşê berdin bira here.“

Piştî van xeberan, ez bûm mîna mirovekî sûcdar. Ez soro-moro bûm. Min nizanîbû ku ez çawa bersîva wan bidim. Kûrîn kete min, ez giriyam.

Di nav wan jinan de jineke Ermenî hebû. Hat nêzîkî min û dest bi pirsiyaran kir. Min zimanê Ermenî zanîbû. Çawan qewimîbû min jê re got.

Jinikê dît ku rast e, min ji nezanî û nefamîya xwe ew kêr û çetel hildane. Wê ji xwediyê malê re îzeh kir. Tevan dît ku ev yeka ji nezanîya min qewimiye. Hin dikeniyan û hinan jî guneyê wan bi min dihat.

Malxuyê malê berdestî temî kir, ku çeteleke kevn bide min. Berdestî çû, du çetelên zengarî anîn ku bide min. Lê ez xeyidî bûm, min hilnedan. Malxuyê malê gelek li ber min geriya şûnde min hildan.

Min çetelên xwe kirin paşila xwe û ez ber bi gund bi rê ketim. Di rê de ez ecêbmayî mam, ew çi bû bi serê min de hat! Lê dîsan jî ew çetelên ku dabûn min, ez şa dikirim. Min di rê de çend caran çetelên xwe ji paşila xwe derxistin pê lîst û giya top kir.

Ez hatim gund. Çawa ku ez nêzîkî dersxanê bûm, min nihêrî ku dersdar û qîza wê li baxçeyê dibistanê sekinîne. Gava ku wan ez dîtim, ber bi min hatin. Min pêşî nameya mêrê wê dayê. Paşê jî min qutuyên hesinî danê. Wê name dixwend û di bin lêvan re dikeniya û paşê ji nîşkave bû pirqîniya wê, keniya. Keça wê lava kir û got, „dayê tu bi çi dikenî, ji min re jî bibêje“. Dersdarê ji qîza xwe re jî mesela kêr û çetelê gilî kir. Min tûrê wê yê devnevekirî jî da wê. Wê razîbûna xwe nîşan da û min berê xwe da mala me.

Ku ez hatim nêzîkî mala me bûm, min nihêrî meriyê mala me hemû hatine ber derî. Ez tirsiyam, ji min tirê qezayek qewimiye. Diya min ber bi min hat û min jê pirsî:

„Dayê çi qewimiye?“

„Qet, lawo, tiştek neqewimiye. Em li hêvîya te bûn. Me digot, dibe ku tu li bajêr winda bibî.“

Ew nanê ku ji min re dagirtibûn, ku ez bi rê de bixwim, min da diya xwe. Pereyên heqê riya xwe jî dirêjî bavê xwe kirin. Dê û bavê min şa bûn, ku ez bere-bere peran qezenc dikim û didime wan.

B. Nûçe

Bîroya PENa Kurd a li Stenbolê şahîyek li dar xist

STENBOL. Bîroya PENa Kurd a li Stenbolê roja 26.12.2004ê li xwaringeha Revan bi beşdarîya nêzîkî 200 kesî şahîyek pêk anî. Hejmareke mezin ji siyasetvan, nivîskar, hunermend, weşanger û hezkiriyên çand, ziman û hunera kurdewarî amade bûn. Di şahîyê de, endamê bîroya PENa Kurd Hesen Kaya axaftinek kir û diyar kir, ku wan „karê siyasetê ji siyasetvanên kurd re hîştiye" Lê wî eşkere kir, ku „em ji niha ve doza fermîbûna zimanê kurdî dikin". Kaya doz kir, ku li Tirkiyê divê zimanê kurdî bibe duyemîn zimanê fermî. Wî berdewam kir û got: „Ziman û wêjeya gelan li tu qedexekirinan guhdarî nake". Navenda PENa Kurd li Elmanyayê û herweha serokê PENa Tirk Üstün Akmen peyamên xwe şandibûn şahîyê.
Bîroya PENa Kurd a li Stenbolê ji alîyê Hesen Kaya, Felat Dilgeş û Salihê Kevirbirî ve tê birêvebirin.

C. Pêkenok

Bila çar perçe be

Merivek li aşxanê pîzzayekê dixwaze.
Pîzzacî:
- Ez pîzza te bikim çar perçe yan heşt perçe?
- Heşt perçe pir e ez nikarim bixwim, bila çar perçe be!

D. Helbest

Sibehê dilê min

Gulistan Dêrikî

Sibehê min hebûn
Ê ku bêhna axê jê dihatin
Di wan sibehan de tu herikî dilê min
Herikî û çû
Wek Dicle
Wek Firat
Herikî ber bi Bajarê jê re digotin paytext
Tenê şopa te li dû te ma.
Dişopînim şopa te
Direvim

Ber bi sibehê xewî ku bêhna axê jê dihatin
Tev rengê berbangê
Tev tîrêjê rojê
Ber bi te direvim.
Sibehê min hebûn
Ê ku bêhna axê jê dihatin
Di wan sibehan de
Ji bîrbûm
Wek stranekê
Wek helbestekê
Wek jiyanekê.

E. Gotinên Pêşîyan

Her giha li ser koka xwe hêşin dibe.
Şêr şêr e, çi jin e çi mêr e.

F. Glossar

A.

kêr *f* Messer
çetel *f* Gabel
Qars *f* Kars
ders *f* Unterricht
dersdar *m+f* Lehrer(in)
name *f* Brief
şandin senden, schicken
karmend *m+f* Beamter, Beamtin
ba bei, zu (*Personen*)
xwendin studieren, lernen, lesen
tûr *f* Quersack, Sack
pere *m* Geld
heq *m* Recht, Anteil, Gehalt
şa kirin glücklich machen, befriedigen
eşq *f* Liebe
mil *m* Schulter, Seite
kaxez *f* Papier, Blatt, Brief
paşil *f* Brusttasche
pişt *f* Rücken, Rück-, Hinterseite
qaîm / **qewin** fest
dan geben, setzen
berê xwe dan sich richten, sich wenden, sich begeben
gerîyan herum laufen, spazieren gehen
lê gerîyan suchen
kuçe *f* Gasse, Gässchen
nîşan dan zeigen
paşê danach, später, dann
nêzî(kî) *f* Nähe; nahe, in der Nähe, fast, beinahe
îstasyon *f* Bahnhof, Haltestelle
otoboz *f* Autobus
alî *m* Seite, Richtung
xani *m* Haus
dihn *f* Aufmerksamkeit
herdu beide, zu zweit
niqitîn / niqutîn tropfen
xanim *f* Frau, Dame
dirêj kirin reichen
gazî kirin rufen, schreien
cem bei, neben; zu
bav *m* Vater
ecêbmayî verwundert, erstaunt
ûsa / usa so
zû schnell, früh
derxistin herausholen, herausnehmen, folgern, entnehmen
kengê / kingê wann
fikirîn denken
bilind hoch, hochgewachsen
berçavik *m* Brille
hundur / hundir *m* das Innere, Innenraum
dor girtin umzingeln, umgeben, einkreisen
pêşî *f* Vorderseite; zuerst, vorher, vorausgehend
pey hinter, nach
pistepist *f* Flüstern, Geflüster
xeber *f* Mitteilung, Nachricht; Wort, Rede
xeber dan sprechen, reden
şerm kirin sich schämen, sich genieren sich zurückhalten
soro-moro bûn rot werden, erröten
kûvî scheu, schüchtern
pê hesiyan hören, erfahren
nivîsîn schreiben
lema / **loma** daher, deshalb
wisa / wisan so, auf diese Weise, derartig

nêrîn sehen, anschauen
kifş klar, bekannt
hûr-mûr *f* Sachen, Kleinigkeiten
berdestî *m+f* Diener(in)
teyfik *f* Teller
kevçî *f* Löffel
tenişt *f* Seite, neben
ji bo für
kirin machen, tun, stellen, erledigen
bêrî(k) *f* Tasche
lîstok *f* Spielzeug
qey angeblich, vielleicht
diyarî *f* Geschenk
qalind dick
sûret *f* Gesicht; Bild, Foto
birîn (ab-)brechen, trennen, sich losreißen
eşkere eindeutig, offensichtlich
xwedî *m+f* Besitzer(in), Eigentümer(in)
qutî *f* Dose, Schachtel, Kästchen
hesinî eisern
têkirin hineinstecken, hineintun
qestî absichtlich
zanîn erfahren, wissen, kennen
dilsax ehrlich
serfirazî *f* Stolz
vala frei
gava als, wenn, falls
çima warum
dizîn stehlen
dizî *f* Einbruch, Diebstahl; geheim, heimlich
mitbax / **mitfax** *f* Küche
tev mit, zusammen, gemeinsam, ganz, völlig
diz *m+f* Dieb(in)
qaçax *m+f* Schmuggler(in)
vir(a) hier, hierher
kutan schlagen, prügeln
berdan lassen
mîna wie, als
sûcdar schuldig
bersîv *f* Antwort
kûrîn schreien
ermenî / ermen *m+f* Armenier(in)
pirsîyar *f* Frage
pirsîyar kirin fragen, nachfragen, befragen
qewimîn geschehen, passieren
rast richtig, wahr; gerade, direkt; rechts
fam *f* Verstand, Verständnis, Begreifen
hildan nehmen, entfernen, hochheben, aufheben
îzeh *f* Erklärung
îzeh kirin erklären, schildern
guneh / gune *m* Mitleid, Schuld, Sünde und Schande
guneh pê hatin bemitleiden
temî kirin befehlen
zengarî rostig, verrostet
xeyidî bûn ärgerlich sein
li ber geriyan bitten
bi rê ketin sich auf den Weg machen
bi ser de hatin zustoßen, passieren
top kirin sammeln
dersxane *f* Klassenzimmer
qîz *f* Tochter, Mädchen
baxçe *m* Garten
dibistan *f* Schule
sekinîn stehen, warten
lêv *m* Lippen
pirqînî *f* Kichern
lava kirin anflehen, erbitten
mesele *f* Geschichte, Fall
gilî kirin bedauern, beklagen
vekirî geöffnet, frei, offen

meri / meriv *m* Mensch
tir außer, sonst
qeza *f* Vorfall, Unfall
li hêvîyê bûn warten, in Erwartung sein
dibe eventuell, vielleicht
winda bûn verloren gehen
dagirtin füllen, voll machen
qezenc kirin verdienen
şa bûn sich freuen
bere bere allmächlich, nach und nach

B.

bîro *f* Filiale, Büro
şahî *f* Feierlichkeit
li dar xistin organisieren
xwaringeh *f* Restaurant, Speisesaal
beşdarî *f* Teilnahme
pê(k) anîn veranstalten, vorbereiten
hejmar *f* Zahl, Menge
siyasetvan *m+f* Politiker(in)
nivîskar *m+f* Autor(in), Schriftsteller(in)
hunêrmend *m+f* Künstler(in)
weşanger *m+f* Verleger(in)
hez kirin lieben, liebhaben
çand *f* Kultur
huner *f* Kunst
kurdewarî *f* Kurdentum
amade bereit
endam *m+f* Mitglied
diyar kirin offenbaren, zeigen
kar *m* Arbeit, Angelegenheit, Beruf
siyaset *f* Politik
hîştin lassen, überlassen, verlassen, erlauben
ji niha ve von nun an
doz *f* Verlangen, Vorderung
duyemîn zweit(-er, -e, -es)
fermî offiziell, amtlich, öffentlich
berdewam kirin fortsetzen
wêje *f* Literatur
tu nie, nichts
qedexekirin *f* Verbot, verbieten, untersagen
guhdarî kirin (zu-/an-)hören; gehorchen, folgen
herweha genau so, gleichfalls, auch
navend *f* Zentrum, Zentrale
peyam *m* Botschaft, Mitteilung
birêvebirin (durch-, aus-)führen, verwalten

C.

aşxane *f* Restaurant, Küche
pîzzacî *m+f* Pizzabäcker(in)
perçe *f* Teil, Stück
yan oder
heşt acht

D.

sibeh / sibe *m* Morgen, morgen
bêhn / bîhn *f* Geruch, Duft, Atem
bêhn jê hatin gut riechen, duften
herikîn fließen, herauslaufen; vergehen
Dicle *m* Tigris
Firat *m* Euphrat
paytext *m* Hauptstadt
şop *f* Spur, Wirkung
şopîn verfolgen, aufspüren
xew *f* Schlaf
berbang *f* Morgendämmerung
tîrêj *m* Licht, Strahl
stran *f* Lied, Gesang
helbest *f* Gedicht, Dichtung

E.

her jed(-er,-e,-s), all
kok *f* Wurztel, Grund
hêşin grün
şêr *m* Löwe
ne … ne weder … noch

KAPITEL 4

A. Text

Masîyên Bejî

Jin û mêrekî gelek bextyar hene. Wisa bextyar in ku der û cîranên wan, nas û dostên wan, heval û hogirên wan gişt xwezîya xwe bi wan tînin. Rojek ji rojan peyvên her duyan ber bi hev naçin. Mêrik dibêje:
- Mêr yeman in.
Jinik jî dibêje:
- Na, jin yeman in.
Ev mesele dibe gelceka mezin dikeve navbera wan, li ser wê gelcê her du dibin kêr û penîr û bi hev dikevin. Lê belê, ne tiştek dixin serê hev, ne jî yek ji doza xwe tê xwarê. Paşê her du jî huskut dibin û kevir didin ser wê meselê, wisa dihêlin. Du-sê roj paşê, rojek ku mêrik diçe cot, jinik radibe diçe ber çemê qeraxê gund û torek davêje çêm, dîsa vedigere mala xwe. Bi şev ku mêrik dikeve xewa kûr, jinik hêdîka radibe û ji malê derdikeve, rast diçe ber çêm. Dema ku tora xwe ji avê derdixe, dinêre ku neh-deh masî ketin'ê. Hema wan masîyan digire û berê xwe dide wê zevîya ku şûyê wê tê da cot dike. Li wir axê vedide, masîyan hemî dike binê axê, paşê axê davêje ser wan û wan di binê axê da vedişêre û vedigere malê.
Sibetirê mêrik diçe zevîyê û cotê xwe girêdide, dest pê dike, cîyê ku ji ber roja berê maye, cot dike. Du-sê qor diçe û tê, hew dibîne ku masîyek bi serê gîsina wî ra derket. Mêrik berê şaş dibe, paşê şa dibe. Cotê xwe radiwestîne û li cîyê wî masî dinêre, dibîne ku neh-deh masî li wir hene. Hemîyan derdixe, di desmala xwe da dipêçe û cotkirina xwe didomîne. Dema ku xêzana wî jê ra firavîn tîne, masîyan nîşanê wê dide û dibêje:
- Jinê, min ev masî di nava zevîyê da dîtin. Bi xwe ra bibe malê û ji me ra bipêje, bike şîv.
Jinik xwe li nezanîyê datîne û xwe şaşmayî nîşan dide:
- Hella helaaa, masî û nava zevîyê!
Mêrik dibêje:
- Qey ev masîyên bejî ne!
- Ma masîyên bejî jî hene!
- Li gora ku ev masî di nava zevîyê da ji binê axê derketin, nexu masîyên bejî jî hene!
Jinik masiyan digre û diçe malê. Masiyên xwe vedişêre û jibo şîvê mehîr dipêje. Dema ku şûye wê tê, jinik nan û mehîr dide ber'ê. Mêrik şaş dibe u dipirse:
- Jinê, nê te masi anîn malê. Te çima masî nepehtin?
Jinik, wek ku şaş bûye tilîya xwe gez dike û bersîva pirsa şûyê xwe bi pirsek dide:
- Mêro, masîyên çi, ma te xewn dît!

- Çawa masîyên çi jinê! Nê min di nava zevîyê da neh-deh masî dîtin û dan te, te ew bi xwe ra anîn malê! Te'yê di şivê da ew bipehtina! Ma te ji bîr kir!
Jinik dîsa tilîya xwe gez dike:
- Mêro, tiştê wisa bêje ku mirov bawer bike! Ma zevî bûye çem ku masî tê da hebin!
Mêrik dibêje:
- Ew masîyên bejî bûn jinê!
Li ser wê peyva mêrik, jinik hema bazdide ber derê malê û heta ku dengê wê derdikeve diqîre:
- Gundînoooo, şûyê min dîn bûyeee, jibo Xwedê werin havilek ji mera bibîniiin!
Bi wê gazîya jinikê ra gundî bi carek radibin û tên mala wan. Jinik digirî û diqîre û weha dibêje:
- Mala min şewitî, ez bêkes û bêkû mam! Şûyê min dîn bûye û dibêje ku masîyên bejî hene!
Mêrik bi çavên matmayî li gundîyan û xêzana xwe dinêre û weha sond dixwe:
- Gundîno, bi Xwedê ez dîn-mîn nebûme, min îro di nava zevîyê da di binê axê da hinek masî dîtin û dan xêzana xwe! Wê jî ew anîn malê! Lê nuha dibêje ku tu dîn bûyî!
Gundî gişt bi mêrik dikenin:
- Masî û nava zevîyê! Ma ev ne dînîtî ye çi ye! Ma kesê dîtîye û bihîstîye ku masîyên bejî hene! Xêzana te heqdar e, bi rastî jî tu dîn bûyî!
Mêrik çi qas dibêje „ez dîn nebûme" jî kes jê bawer nake. Gundî dibêjin:
- Ji dînan ra girêdan lazim e!
Paşê dest û lingên mêrik bi werîsek girêdidin û diçin.
Piştê ku gundî diçin, jinik radibe dest û lingên şûyê xwe vedike û jê ra weha dibêje:
- Dilê min bi te şewitî loma min dest û lingên te vekirin. Dê haydê ji xwe ra razê, careka dî dînîtîyeka weha meke!
Mêrik ne dibêje „hum", ne dibêje „gum", hema hêdîka dikeve nava nivînan, mitêla xwe dikişîne serê xwe û xwe ditelîne. Sibetirê jî gayên xwe dide pêşîya xwe û diçe cot. Berê êvarê jinik wan masîyan tîne dipêje û girara savarê jî dipêje û masîyan dike lengerîyek, girarê jî dike ser wan û rîya şûyê xwe dipê. Mêrik ku tê malê, jinik lengerîya savarê tîne dide ber'ê. Mêrik du-sê kefçî girar dixwe, hew dibîne ku masîyek wa ye di nava girarê da. Vedicinige û hêdîka girarê dike ser masî, wî vedişêre. Kefçîya xwa li alîyekî dî dixe, çima masîyek jî ji wir dernakeve! Wî jî vedişêre û kefçîya xwe li alîyekî dî dixe. Lê masîyek jî ji wî alî derdikeve. Mêrik dinêre ku binê girarê tijî masîye, hêdîka kefçîya xwe datîne û ji ber lengerîyê vedikişe. Xêzana wî ku dibîne mêrik vekişîya, jê dipirse:
- Tu çima şîva xwe naxwî?
Mêrik dibêje:
- Ez li ber cot betilîme, dilê min nabije xwarinê.
Jinik dibişire û weha dibêje:

- Bixwe bixwe, ew masîyên ku duh te dan min ev in. Firîqet be, ez êdî nabêjim ku tu dîn bûyî.
Jinik paşê bi şûyê xwe dide zanîn ku wê ew masî ji çêm derxistine û birine di nava zevîyê da kirine binê axê û daxwaza wê ew bûye ku îspat bike ku jin ji mêran yemantir in.
Hingê mêrik weha dibêje:
- Seddeq, bi rastî jî jin ji mêran yemantir in û kela ku jin ava bikin mêr nikarin xira bikin!

B. Nûçe

Ji bo gel û hunera Kurd serbilindîyeke teze

Fîlmeke Kurdî bi navê „Kûsî jî Dikarin Bifirin" ku bi alîyê rejîsorê Kurd Bahman Gobadî hatîye çêkirin, li Festîvala Navnetewî ya Donostia-San Sebastian da (ku li welatê Baskîyan e) xelata herî mezin ya qalikê zêrîn (Golden Shell) ya îsal girt.
Babetê vê fîlmê li ser qeremanîya zarokên Kurd e û bi çavê wan tesîra xirab ya şerê İran-Iraqê nîşan dide. Gobadî Kurdekî İranê ye, rejîsorekî bi nav û deng e.
Dema ku di civîna êvara 25'ê İlonê da ev yek hate eşkere kirin xelkê salonê hemû rabûn ser pîyan û dûr dirêj ji Bahman Gobadî ra çepik lêdan. Gobadî jî dema xelata xwe girt, got: „Ez vê xelatê bi navê hemû zarokên ku di fîlmê da cî gırtin û bi navê hemû Kurdên li çarkoşeyê dinyayê qebûl dikim." Gobadî, di dawîya axaftina xwe da jî bi zmanê Baskî ûsa got: „Mîla esker eta betî arte!" (Bi mana „Gelek spas û xatirê we!").
Di vê festîvalê da xelata duwemîn ya zîvîn dan rejîsor Xu Jinglei. Xelata taybetî jî dan rejîsorê Sirbî Goran Paskaljevîc. Her ûsa, Connie Nilsen û Ulrich Tomsen jî xelata aktorên herî baş girtin di rolên xwe yên di fîlma Brodre (Bra) da.

C. Pêkenok

Di pey A re kîjan herf tê?

Li dibistanê mamosta ji Lezgîn dipirse:
- Lezgîn, tu herfên alfabê hemûyan dizanî?
- Belê mamoste, dizanim.
- Ê de ka bibêje di pey herfa A'yê re kîjan herf tê?
- Di pey herfa A'yê re hemûyên herfan tên!

D. Helbest

Gulfiroş

Cigerxwîn

Ez ji xew rabûm, gulfiroşek dî,
Pir gelek şa bûm, gul bi dil didî.
Gul bi dil didî.
Hebû me yek dil, tev jan û kul bû,
Ne bûme bawer, gul bi dil bidî.
Gul bi dil bidî.
Bazar me kir go, ser bi ser nadim,
Ê gulperest bî, can û dil didî.
Can û dil didî.
Min go kî didî, can û dil bi gul,
Go ev bazar e, dil bi kul didî.
Dil bi kul didî.
Min can û dil dan, dil kirye qêrîn,
Go ho Cegerxwîn, dil bi gul didî.
Dil bi gul didî.

E. Gotinên Pêşîyan

Kevir di şûna xwe da giran e
Bi çavên birçî zik têr nabe.

F. Glossar

A.

masî *m* Fisch
bej *f* Erde, Land
bejî trocken
masîyên bejî Erdfische
bextyar / bextiyar glücklich, froh
der û cîran *pl.* Nachbarn
nas û dost *pl.* Bekannte und Freunde
heval û hogir *pl.* Freunde und Gefährte
gişt alle
xwezî *f* Wunsch, Verlangen
xwezî pê anîn beneiden, wünschen
ber bi hev çun passen, entsprechen
yeman geschickt, wunderbar
gelce / gelac *f* Streit, Debatte
navber *f* Mitte; zwischen
penîr *m* Käse
bi hev ketin sich auseinandersetzen
xwar unter, unten
huskut bûn schweigen
cot *m* Pflügen, Bodenbearbeitung
rabûn aufstehen, sich erheben
çem *m* Bach
qerax / qirax *m* Rand, Flussufer
tor *f* Netz
şev *f* Nacht
ketin fallen, eindringen, eintreten, hineingehen
hêdîka / hedî still, leise, ruhig, langsam
derketin herauskommen, hinausgehen, steigen
neh neun
deh zehn
zevî *f* Feld
şû *m* Eheman, Mann
cot kirin bestellen
li wir dort
vedan stechen, ausgraben
hemî alle, all, jeglich(-er, -e, -es)
sibetir am nächsten Tag
ji ber mayîn übrig-, zurück-, verbleiben
berê vorher, früher, damals
qor *m* Reihe
gîsin *m* Pflugschar
şaş bûn / şaş man sich wundern
rawestan / rawestandin anhalten, stoppen
desmal / **destmal** *f* Handtuch
pêçandin einpacken, einwickeln
domandin fortsetzen, fortführen
firavîn *f* Mittagessen
anîn herbringen, holen
li gor gemäß, entsprechend, nach
mehîr *f* Sauermilchsuppe
tilî *f* Finger
gez kirin beißen
ji bîr kirin vergessen
bawer kirin glauben
derî *f* Tür
gundî *m+f* Dörfler(in), Bauer, Bäuerin
dîn verrückt, wahnsinnig
havil *f* Lösung
gazî *f* Ruf, Schrei
bi carek mit einem Mal, plötzlich
şewitîn brennen, verbrennen, anbrennen; sich sehnen
bêkes û bêkû einsam, verwaist
matmayî verwirrt
sond xwarin schwören
xwedê *m* Gott
bi xwedê bei Gott
nuha / niha jetzt

dînîtî *f* Irresein, Wahnsinn, Narrheit
heqdar *m+f* wer recht hat
bi rastî tatsächlich, wirklich, wahrlich
lazim nötig, notwendig
haydê los! komm! nur zu
razan schlafen
nivîn *f* Bett
mitêl *f* Steppdecke
ga *m* Ochse
êvar *f* Abend
girar *f* Pilaw
savar *f* Weizengrütze
lengerî *f* Bratenplatte
payin warten, beobachten
veciniqin zurückschrecken
dî ander(-er, -e, -es)
vekişîn sich zurückziehen, zurücktreten
betilî müde
bîjîn Appetit bekommen, verlangen
bişirîn grinsen
firîqet ruhig, still
daxwaz *f* Ziel, Wunsch, Forderung, Beharren
îspat kirin beweisen
kela / kelat *f* Burg, Festung
ava kirin bauen, errichten
xira(b) kirin zerstören, kaputt machen

B.

serbilindî *f* Stolz, Würdigung
teze neu
fîlm *f* Film
kûsî *m* Schildkröte
firîn fliegen
çêkirin herstellen, produzieren, machen
festîval *f* Festspiele
navnetewî international
welat *m* Land, Heimat
xelat *f* Preis
qalik *m* Schale
zêr *m* Gold
îsal dieses Jahr
babet *m* Gegenstand, Sorte, Kategorie, Bereich
qeremanî *f* Tapferkeit
tesîr *f* Wirkung, Eindruck, Einfluss
şer *f* Krieg, Kampf
bi nav û deng berühmt
dema ku als, während
civîn *f* Versammlung
eşkere kirin bekannt machen, offenbaren, klären
xelk *m* Leute, Volk
salon *m* Saal
pê *m* Fuß, Bein
dûr û dirêj ausführlich, lang und breit, recht lang, eingehend
çepik lêdan applaudieren
çarkoşe *m* Viereck; überall
dawî *f* Ende, dann
mana *f* Bedeutung
spas Danke, vielen Dank
xatirê we Auf Widersehen
zîv *m* Silber
taybetî *f* Besonderheit; speziell
her ûsa genauso
bra *m* Bruder

C.

kîjan welch(-er, -e, -es)
alfabe *f* Alphabet
herf *f* Buchstabe
belê ja, gewiß

D.

gulfiroş *m+f* Rosenverkäufer(in)
jan *f* Schmerz
kul *f* Wunde, Leiden
bazar kirin feilschen
ser bi ser eins zu eins
gulperest *m+f* Rosenliebhaber(in)
kî wer
can *m* Seele, Leben, Leib
bazar *f* Markt, Geschäft, Handel
ho also, so

E.

giran schwer; ansehnlich, beträchtlich; ernst
birçî hungrig
têr satt

KAPITEL 5

A. Text

Rabûn û Rûniştin

Kamiran Alî Bedir-Xan

Kurd gelek bi edeb û terbiye ne. Rabûn û rûniştina wan, dan û standina wan bi rêz û tertîb e. Kurd nazik, giran û bi edeb in. Xwediyê gotina xwe ne; paşgotiniya xelkê na kin; dostê dostê xwe, û dijminê neyarê xwe ne.
Pir na xêvin, gotina xwe bê sebeb dirêj na kin, gava erê dibêjin erê ye û gava no dibêjin no ye. Beriya ko tiştekî bêjin, wi tiştî xweş didin eqlê xwe û êdi ji gotina xwe bi şûn da venagerin; heke wad dan poşman na bin; bi dilxweşi û ciwamêri wada xwe tînin cih.
Qenci û xirabiya ko ji wan re hate kirin, ji bîr na kin; heke dijminê wan kete bextê wan, di sûcê wî diborin.
Lê ez dibînim, hinên di wan, rêz û rêzikên bav û kalên xwe ji bîr kirine û bi adetên miletên biyanî ên nexweş emel dikin. Ev tiştekî ne çak e, xerab e. Divê mirov dev ji adetên bav û pêşîyên xwe ên qenc bernede.
Tenbî û qeydeyên jêrin ji bona wan in:
Gava ji keseki tiştekî dixwazin, me bêjin – bide min – , lê bêjin – ji kerema xwe bide min.
Ko ji we re tiştek hate dan – spas – bêjin û pê dilxweşî û minetdariya xwe bidin zanîn.
Gava kesek ji we tiştekî dixwaze û – kerem ke – dibêje, lê vegerînin û bêjin – di nav keremê de bimînî.
Heke kesekî banî we kir; lebê an fermû, an ez xulam, ez benî, ez gorî, ez qurban bibêjin. Kurd hemî wisa dibêjin.
Ko kesekî ji we tişek pirsî – erê – an – no –, yan dizanim an nizanim bêjin; hi, ha me bêjin û serê xwe mehejînin, ev kêmasiyek e.
Gava hon tiştekî vedixwin, bi edeb û isûl vexwin; hêdi, hêdi û bêdeng bikişînin; yên dora xwe aciz me kin.
Wadê hon li ser xwarinê ne û parî di devê we de ye, milçe milç û çelq û çelq me kin.
Heke hon di civatekê de, di nav xelkê de rûniştî ne, bi qirpe qirpa qirika xwe kari bin, hevalê dora xwe aciz me kin, nemaze ev tiştekî pir eyb e; kêmaniyeke mezin e.
Pêşbirî li jin û zarokan me kin; rê li wan me birin.
Wadê hon daxêvin, dengê xwe bilind me kin û heke mirovek dipeyive, gotina wî me birin û beriya ko ew gotina xwe biqedîne, dest bi axaftinê me kin. Her rastiyê bibêjin; derewker rûreş in.
Dest û tiliyên xwe me kin dev û difn û guhê xwe û wan pê paqij me kin.

Wadê hon dikuxin an dibihnijin, destê xwe û hêj çêtir destmala xwe bidin ber devê xwe. Li erdê tif me kin. Goşt û xwarina ber diranan tû me kin erdê. Ariya cigara xwe, di nav civatê de, me weşînin erdê.
Li zoroa me din, wan pir me êşînin; wan tirsiyandî û çavşkênandî me kin; ew pê derewîn dibin.
Çiqas jî bixeyidin dijûna me kin, xeberên xerab me bêjin.
Bê sebeb son me xwin; bê îşekî giran xelkê me din ber sonda.
Di nav axaftinê de, bi serê bav û pêşîyê xwe sond me xwin û bi serê bav û kalê xelkê û gora wan ji sond me xwin; ev tişekî zehf kirêt e.
Gava ko hon tên malekê û banî we dikin ser xwarinê, bi derew me bêjin em têr in; û werin ser sifrê.
Wadê ji we tiştek tê pirsîn; xweş bala xwe bidin heta ko hon bikarin cihabê lê vegerinin.
Gava kesek ji we re tiştekî dibêj an qise dike, bi lez û bez me bêjin ez dizanim; guhê xwe bidin ser galgala wî, bi bala fireh mirov hêj çêtir dielime.
Ern û bihintengî tiştine neqenc in; nemaze li ber mirovên qels û belengaz û jin û zoroa; dilşikestina wan kêmasiyek e.
Çavsoriya xwe li xurtan bikin, li yên di ser xwe re bikin; ne li yên di bin xwe re, ne li yên kêmî xwe.

B. Nûçe

Li Almanyayê perwerdeya zimanê kurdî

Li Almanyayê, li eyaleta NRWê (Nordrhein Westfalya), li 11 bajaran (Bergisch-gladbach, Bielefeld, Bonn, Bottrop, Bochum, Dortmund, Duisburg, Köln, Oberhausen, Wesel, Neuss) dersa zimanê kurdî tê dayîn. 535 zarokên kurd beşdari dersa zimanê kurdî dibin. 9 Mamoste kar dikin.
Schulamt (Dayreya Karûbarê Perwerdeyê) pereyên materyalên dersê: Pirtûk, memory, domîno hwd. û heqê riya zarokan dide. Mirov ji bo her şagirtî dikare bi 12,5 euro pirtûkên dersê bikire. Di van babetan de tu pirsgirêk tune ne. Li vê eyaletê îmkanên pêşketina perwerdeya zimanê kurdî hene. Di warê brokratîk de pêşîya dersa zimanê kurdî vekirî ye. Tu astengî li pêşîya dersa kurdî tuneye. Meşandin û bi rêkûpêk kirina vî karî di destê kurdistaniyan de ye.
Di destpêka sala perwerdê ya 2002-2003an de, bi kêmasi, dê 2 mamosteyên kurdî yên din jî bên tayînkirin. Têkilîyên mamosteyên kurdî û Enstîtuta Perwerdeyê ya eyaleta NRW jî bi hev re xurt in. Em salê du caran li wir kom dibin û materyalan hildibijêrin. Ji bo van xebatên me, enstîtût ji her alî ve alîkarîya me dike û me teşhvîq dike.

C. Pêkenok

Ez meymûnê naxwazim

Mîrovekî ji xwe re jineke dewlemend anîbû. Rojekê ji jina xwe pirsî:
- Erê, te li mala bavê xwe wextê xwe çawa derbas dikir?
- Bi meymûnê xwe.
- Yanê tu dixwazî, ez jî ji te re meymûnekî bikirim?
- Na, tu li ba min î, bes e!

D. Helbest

Leşkerê Winda

Evdila Peşêw

Ku heyetek diçê derekê
Ji bo gora Leşkerê Winda
Taceglekê bi xwe ra dibe
Sibêro eger
Bê welatê min jî heyetek wiha
Bipirsi ji min „Kanê gora Leşkerê Winda“
Dibê'm „Ez benî
Li kêleka her cuhê
Li ser dika her mizgeftê
Li ber derîyê her malê
Her derê
Her şikeftê
Li ser tahtê her çîyayî
Li bin sîya her baxî
Li Kurdistan
Li ser her buhust axê
Li bin her gazê ezman
Şerm mekê
Hin serê xwe daxê û
Daynê tacegula xwe.“

E. Gotinên Pêşîyan

Agir bi dûyê aşkere ye.
Devê rovî negihîşt tirî got tirş e.

F. Glossar

A.

rabûn û rûniştin *f* Verhalten, Benehmen
edeb *f* Sitte, Norm, Höflichkeit
terbiye *f* Erziehung, korrekte Umgangsformen
dan geben
standin nehmen, bekommen
dan û sitandin *f* Beziehung, Verhältnis
rêz *f* Achtung, Respekt, Verehrung; Ordnung, Reihe, Rang
tertîb *f* Plan, Ordnung
nazik zart, fein
paşgotinî *f* üble Nachrede, Verleumdung
dijmin *m+f* Feind(in)
neyar *m+f* Gegner(in), Feind(in)
bê ohne
sebeb *f* Grund, Ursache
erê ja, jawohl
no nein
beriya ko / berî ko bevor
eqil *m* Verstand, Vernunft
bişûnda hinterher, hinten
heke wenn, als, falls, ob
wad dan versprechen
poşman bûn bedauern, bereuen
dilxweşî *f* Freude, Zufriedenheit
ciwamêrî *f* Großmut, Freigebigkeit
wada xwe anîn cih sein Wort halten
qencî *f* Gutherzigkeit, Freundlichkeit, Wohltat, Güte
xirabî *f* Schlechtigkeit, Bosheit, üble Tat
bext *m* Anteil, Erbarmen, Glück, Schicksal
sûc *m* Schuld, Fehler
borandin verzeihen, entschuldigen, vergeben
rêzik *f* Sitte, Brauch
kal *m* alter Mann, alt
bav û kal *pl.* Vorfahren
adet *f* Gewohnheit, Brauch
milet *m* Nation, Volk
biyanî fremd
emel *m* Tat, Handlung, Arbeit
çak gut, angenehm
divêtin müssen, nötig sein, notwendig sein
dev berdan aufgeben
pêşî / pêşînan *m* Vorfahren
tenbî *f* Ratschlag
qeyde *m* Regel
jêrîn unten, unter(-er, -e, -es)
ji bona für, zu
ji kerema xwe bitte
minetdarî *f* Dankbarkeit
kerem *f* Hochherzigkeit, Großzügigkeit, Gnade
kerem kirin bitten
kerem ke bitte schön
kerem kin bitte schön (*Plural*)
lê vegerandin beantworten; erzählen
banî kirin rufen, einladen
lebê bitte, wie bitte, ja bitte
an ... an entweder ... oder
fermû bitte!
ez xulam Ihr Diener!
ez benî Ihr Diener! zu Diensten
ez gorî / ez gorîya te me möge ich vor dir sterben

ez qurban / ez qurbana te ich bin bereit, mein Leben für dich hinzugeben
hejandin schütteln, hin und her schaukeln, erschüttern
kêmasî *f* Mangel, Makel
isûl / ûsil *f* Prinzip, Regel
aciz kirin stören
wadê wenn, als, sobald
parî *f* Scheibe, Schnitt, Teil
milçe milç kirin schmatzen
çelq û çelq / çelp û çelp kirin schmatzen
civat *f* Versammlung, Gesellschaft
qirpe qirp *f* Aufstoßen, Rülpsen
qirik *f* Hals, Kehle
karîn können, einer Sache mächtig sein, vermögen
nemaze insbesondere, besonders, vor allem
eyb *f* Mangel, Schande, Scham
peyvîn sprechen, reden
qedandin beenden, abschließen
rastî *f* Wahrheit
derewker *m+f* Lügner(in)
rûreş entwürdigend, schändlich
difn *f* Nase
guh *m* Ohr
paqij sauber
kuxîn husten
bihnijîn / bênijîn niesen
hêj noch, immer noch
tif kirin spucken
diran *m* Zahn
tûkirin (aus-)spucken
ar *f* Asche
cigare *f* Zigarette
weşandin schütteln, streuen
zoro / zaro(k) / zarû *m* Kind
lê dan schlagen, prügeln
êşandin züchtigen, bestrafen
tirsandin beängstigen, erschrecken
çavşkênandî entmutigend
derewîn *m+f* Lügner(in), lügnerisch
xeyidîn verärgert sein, böse sein
dijûn kirin schimpfen
îş *m* Tätigkeit, Arbeit, Sache
zehf viel, ziemlich, zahlreich
kirêt abscheulich, hässlich, schlecht
cihab *f* Antwort
lez û bez schnell, eilig
qise kirin sprechen
guh dan zuhören, hören
galgal / galegal *f* Unterhaltung, Gespräch
fireh viel, weit, breit
elimîn lernen, erfahren
ern *f* Wut, Ärger, Zorn
bihntengî *f* Beunruhigung, Qual, Besorgnis
qels schwach, kraftlos
belengaz arm, bedürftig
dilşikestî *f* Beleidigung, Enttäuschung
çavsorî *f* Tapferkeit, Mut
xurt stark, kräftig, mächtig

B.

perwerde *f* Erziehung
eyalet *f* (Bundes-)Land
dayre *f* Büro, Verwaltung
karûbar *m* Tätigkeit
materyal *f* Material(-ien)
pirtûk *f* Buch
pirsgirêk *f* Problem, Frage
îmkan *f* Möglichkeit
pêşketin *f* Fortschritt, Entwicklung

war *m* Gebiet, Bereich, Lager, Boden, Erde
asteng *m* Hindernis
meşandin durchführen, in Gang bringen
rêkûpêk kirin regeln, in Ordnung bringen
destpêk *f* Anfang, Beginn
bi kêmasî mindestens
tayîn kirin ernennen, bestellen
têkilî *f* Kontakt, Beziehung
kom bûn sich versammeln
hilbijartin auswählen, wählen
xebat *f* Arbeit, Tätigkeit, Mühe, politischer Kampf
alîkarî *f* Hilfe
alîkarî kirin helfen
teşhvîq / teşwîq kirin fördern, ermuntern, anregen, ermuntern

C.

meymûn *f* Affe
jin anîn heiraten (*f. Männer*)
şû kirin heiraten (*f. Frauen*)
derbas kirin verbringen
dewlemend reich
bes genug

D.

leşker *m* Soldat, Krieger
winda vermisst, abwesend, verloren
leşkerê winda *m* der Unbekannte Soldat
heyet *f* Delegation, Kommission
derekê irgendwo
gor *f* Grab, Grabstätte
tacegul *f* Kranz
wiha so, wie dies, also
kanê wo
kêlek *f* Seite, Rand
cuh *f* Bach, Wasserlauf
dik *f* Bank, Polsterbank
mizgeft *f* Moschee
der *f* Platz, Ort, Stelle
şikeft *f* Höhle
taht *f* Abgrund, Tiefe
sî *f* Schatten
bax *m* Garten
buhust *m* Handspanne
gaz *m* Gipfel, Spitze, Höhe
ezman *m* Himmel
daxistin senken

E.

agir *m* Feuer
aşkere offen, deutlich, sichtbar
gihiştin erreichen, ankommen; wachsen; erlangen
tirî *m* Weintraube
tirş sauer

KAPITEL 6

A. Text

Sazbendên Bremenê

Waxtekî li gundekî nêzikî Frankfurtê kereke pîr hebûye. Kerê ciwanîya xwe bi karên giran derbaz kirîye. Êzing kişandîye, bar birîye êş û anîye. Û roj hatîye pîr bûye, ji teqet ketîye. Xwedîyê wê gotîye „va kera pîr, êdî tiştekî ra nabe. Ez çima ce û gîyê bidimê ...“ û ker kirîye der.

Kera berdayî ya pîr, ji bêbextiya gundî gelek qehirîye. Gotiye „Ez herim welatek din, ji xwe ra karekî bibînim...“. Û derketîye rê. Li ser rê rastî seyekî hatîye. Se melûl melûl dimeşîye, wekî derdekî wî heye. Kerê silav lê kirîye, gotîye:

- Me û xêr dî, heval, çima usa difikirî, derdekî te heye?

- Xêr hatî silamet, gotîye seyî. Ez nefîkirim, kî bifikire! Xwedîyê min ez kirime der. Ez êdî kal bûme, nikarim wek berê birêm û bi dû guran bibezim. Duh ez di xewê da bûm, rovî kete pînê û koka mirîşkan anî. Xwedîyê min jî bi hêrs ket, du ço li min xistin û ez avêtim der. Nizanim ku niha şunda çi bikim?

Kerê gotîye:

- Ez jî wek te me. Xwedîyê min jî ez kirim der. Min jî terkî welat kir û diçim. Tu jî min ra were. Em biçin li welatekî sazbendîyê bikin.

Ew gotin li se xweş hatîye xwe ra gotîye: „Ez ku li vira dimînim û ji birçîyan dimirim, kerê ra herim baştir e.“

Herdu hevra bi rê ketine çûne. Di rê da rastî psîngeke berdayî hatine. Silav lê kirine û pirsîne:

- Hevalê, tu li van çolan li çi digerî?

Psîngê bi rûyeki poxzîn li wan vegerandîye:

- Ji ber ku ez êdî pîr bûme û nikanim mişkan bigrim, xwedîyê min ez kirim der. Got „ez çima badilhewa nîn bidim te!”

Herdu hevalan jê ra gotine:

- Em jî wek te ne. Xwedîyê me jî em kirin der. Niha em diçin ku li cîkî sazbendiyê bikin. Ku dixwazî tu jî bi me ra were.

Psîng tev li wan bûye û hersê meşîne çûne. Di rê da rastî dîkekî hatine. Dîk li ser sergoyekî bi dengekî zirav bang dikirîye. Rêvîngîyan jê pirsîne:

- Hevalo, derdekî te heye? Çima usa dikî qîrîn?

Dîk li wan vegerandîye:

- Ez ne qîrim, kî biqîre! Xwedîyê min qise dikir, min bihîst. Digot: „Êvarê mêvanê min tê. Vî dîkî şerjêkin û biqelînin.“

Hersê heval jê ra gotine:

- Ku usa ye, tu çima li benda mirina xwe disekinî? Em hersê jî diçin welatê xerîbîyê, ku sazbendîyê bikin. Tu jî me ra were.
Dîk şabûye û tev li wan bûye. Herçar heval meşîyane çûne. Nêzîkî bajarê Bremenê ro çûye avan û dor bûye tarî. Gotine, em şevê li vira derbaz kin û sibê bi rê kevin.
Herçar heval jî birçî bûne. Sermê jî dest pê kirîye. Psîngê gotîye.
- Tu dibê, li vê dorê em cîyekî nabînin ku tê da sitar bin û tiştekî xwarinê bi dest xinin?
Se gotîye:
Bîhna goştê qelandî tê pozê min.
Li qiraxe daristanê malek, hebûye û di pençirên wê da ronî xuya dikirîye. Nêzikî malê bûne, lê der û dora wê girtî bûye. Pençirên wê jî bilind bûne, ne dikanîne ku hundir da çi heye, çi tune bibînin. Se gotîye:
- Ku em derkevin ser pişta hev, dikanin hundir bibînin.
Bi gotina wî qayîl bûne û ker çûye li ber pençirê sekinîye. Se derketîye pişta wê. Psîng hilkişîye pişta se û dîk jî li pişta psîngê hêwirîye. Hinge dîk, di hundir da çi heye eşkere dîtîye. Di hundir da sê kes li dora sifrekî rûniştine, bi kêf dixwarine û vedixwarine. Sifre bi goşt, sawar, hêşînayî û fêkî tijî bûye. Di şuşan da şeravên sor û spî hebûne.
Kerê, bê sebir, pirsîye:
- Tu li hundir çi dibînî?
Dîk gotîye:
- Deqqekî sebir bike!
Hingê merivên dor sifrê di nav xwe da xeber didane. Yekî ji yên din ra digotîye:
- Me dîsa dizîyek xweş kir. Xwedîyê malê pê ne hesîn.
Yê din gotîye:
- Mirîşkên qelandî ji qismetê me bûye!
Dîk hin bûye ku ewê hundir diz in. Bi lez hatîye xwar û di hundir da çi ku dîtîye ji hevalên xwe ra gotîye.
Sazbendên me rûniştine ji xwe ra planek çêkirine. Hemûyan dest pê kirine û sazê xwe kutane. Ker dizirîye, se direye, pisîng mirnaw dikirîye û dîk jî bang dikirîye.
Dizên hundir, himber vê şematê xwe şaş kirine. Gotine: „Dor li me hat girtin!“ Û bazdane der, ber bi daristanê revîyane. Ji malê gelek dûr sekinîne û bîhna xwe girtine.
Piştî çûna wan, sazbendên me ketine hundir, di ser sifrê da girtine. Têri xwe xwarine û vexwarine. Piştre pisîng çûye di pixêrîgê da, ser xwelîya germ glor bûye. Se li ber dêrî vezelîyaye. Ker li tûrtê dirêj bûye û dîk jî derketîye ser xênî. Ji ber ku gelek westîyayî bûne, çire vemirandine û hema di xew da çûne.
Bila ew li wir razên, em bêne cem dizan. Wana dîtine ku li malê çire hat vemirandin, di nav xwe da qise kirine, gotine: „Yek biçe binêre baş e. Li malê çi bû, çi ne bû?“
Hevalekî xwe şandine. Meriv hatîye, ji dêrî bêdeng derbaz bûye, ketîye hundir. Kesî xuya ne dikirîye. Di pixêrîgê da çaven pisîngê ronî didaye. Diz bi xwe û xwe gotîye:

„Xuyaye agir venemirîye, ezê cixara xwe vêxim.“ Û nêzî pixêrîgê bûye. Lê çawa destê xwe dirêj kirîye, pisîngê pencê xwe avêtîye. Diz ji tirsan gotiye „eman!“ û ber bi dêrî bazdaye. Bi qîrîna wî hemû sazbendên me hişyar bûne. Di dêrî da se pê girtîye. Di tûrtê da kerê bi pîhnên xurt lê daye. Dik jî li ser xênî kirîye qîre-qîr.
Meriv, ciqas jê hatîye revîyaye heya cem hevalên xwe.
Ewana bi meraq jê pirsîne:
- Çi bû, çi di ser te da hat?
Qe mepirsin! Gotîye meriv. Cinan di ser min da girtin. Cinê pixêrîgê hindik ne ma çavê min derxe. Yê ber dêri ez kêr kirim. Yê tûrtê du ço li pişta min xistin, hindik ne ma pişta min bişkê. Disa jî ez rind xilas bûm. Yêkî jî li ser xênî gazî dikir, digot: „Bernedin, heya ez bêm!“
Tirs û xof ketiye dilê dizan. Bawerî pê anîne ku cinan di ser malê da girtine. Wê rojê şunda cardin nêzîkî vê malê ne bûne. Mala terikî ji herçar hevalan ra maye û wana gora dilê xwe bi serfirazî li wê derê jine.

B. Nûçe

Şeva çandî û wêjeyî ya hunermenda kurd a herî bi nav û deng GULÎSTAN li Oldenburgê

Di roja 10.10.2004an de li bajarê Oldenburgê hûnermenda gelê kurd a hezkirî GULÎSTAN bi gurzek dengbêj û hûnermendên kurd ve şahiyeke çandî û wêjeyî ji bo piştgîriya Navenda PENa Kurd jiyan dike.
Ev çalakiya ha di bin diruşma: „Mala Êzîdiyan piştgîriya Navenda PENa Kurd dike“ de tê li dar xistin.
Em hemû hemwelatiyên xwe, yên dilsozên çand û wêjeya gelê kurd, bi dilgermî daxwazî vê şahiyê dikin.
Hûnermendên mêvan: Dilgeş, Şêran û Xebat.
Werin, da em bi hev re bi hunermenda xwe ya mezin Gulistan şa bibin û guh bidin deng û awazên wê yî xweş.
Bi rêz û silavên me re.
Mala Êzîdiyan Oldenburgê û Navenda PENa Kurd
Cih: Mala Êzîdiyan, Eidechsenstraße 19, 26133 Oldenburg, Abfahrt Oldenburg-Kreyenbrück, Tel.: 0441 4855002, 0441 4850555
Dem: 10.10.2004, demjimêr: 13:30
Biha bilêtê: 10 EUR

C. Pêkenok

Ji jina xwe natirse!

Li qahwê yekî ji hevalên xwe re got:
- Yên ku ji jina xwe ditirsin bila hemû rabin pîya!
Yek ne tê de hemû rabûn pîya. Ji yê ranebûyî pirsîn:
- Welê xuyaye ku tenê tu ji jina xwe natirsî?
Mêrik:
- Na welle, jinikê vê sibê darek welê li pişta min xistîye ku ji êşa wê ez nikarim rabim ser xwe.

D. Helbest

Dayê

Jana Seyda

Mistek baran
ji zivistana çavên xwe
bide min
da îşev tîbûna umrê xwe
bi meya evîna te bişkînim.
Dayê
bêhna şewatê
ji lorînên te
dihatin
û Amûdê
weke pêteke agir
di payîzeke bêbext de
diçirisî.
Dema te dergûşa min
dihejand
bi hezaran hîv
li ber
rûyê te yê sipehî
xwar dibûn
da rûyê te tenê
salên min
rohnî bike.

(...)
Mistek baran
ji zivistana çavên xwe
bide min
da havîn ji dil
barbike.
Mistek baran
ji zivistana çavên xwe
bide min
da pê bi pêlan re
şerkim
nizanim çima pêl
evîna te
dertînin
ez jî îşev
li ser vê
qûma sar westa
û bêkesim
tenê dayê
evîna te
û
derya
bi min re bêxewin.

E. Gotinên Pêşîyan

Bi werîsê dînan xwe bermede binê bîran.
Berjêrî tûke rih e, berjur tûke simêl e.

F. Glossar

A.

sazbend *m+f* Musikant(in)
waxt / wext *m* Zeit
nêzik / nêzîk nahe, in der Nähe
pîr *m+f* Alte(r); Greis(in); alt, bejahrt
ciwanî *f* Jugend
derbaz kirin verbringen
êzing *m* Brennholz
aş *m* Mühle
teqet *f* Kraft, Stärke
ji teqet ketin an Kraft verlieren, schwach werden
ce *m* Gerste
kirin der vertreiben, wegschicken
berdayî herrenlos, frei umherlaufend
bêbextî *f* Treulosigkeit
qehirîn sich ärgern, bedauern, sich quellen
rast hatin (zufällig) treffen
se / seg *m* Hund
melûl melancholisch, traurig
meşîn laufen, marschieren
derd *m* Sorge, Leiden
silav lê kirin (be-) grüßen
bi xêr hatin silamet willkommen
silamet bei guter Gesundheit, in gutem Zustand
reyîn bellen
bezîn rennen, laufen
duh gestern
rovî *m* Fuchs
pîn *f* Hühnerstall
kok anîn ausrotten
mirîşk *f* Henne, Huhn
(bi) hêrs ketin wütend werden
ço *f* Stock
lê xistin schlagen, prügeln
terk kirin verlassen
sazbendî kirin musizieren
lê xweş hatin gefallen
li vira / li vir hier
ji birçîyan mirîn verhungern
psîng / pisik *f* Katze
çol *f* Wildnis, Wüste
poxzîn / pozxîn betrüblich, traurig
ji ber ku weil, da
mişk *m* Maus
badilhewa ganz umsonst
dîk *m* Hahn
sergo *m* Abfall, Abfallhaufen
zirav zart, fein, hoch (*Stimme, Ton*)
rêvîngî *m+f* Reisende(r)
bihîstin hören
mêvan *m+f* Gast, Besuch
şerjêkirin schlachten
qelandin / kelandin kochen lassen
li benda ... sekinîn warten
tevlîbûn sich mischen, sich anschließen, sich vermengen
çun ava(n) untergehen
tarî dunkel, finster
serma *f* Kälte
sitar bûn Schutz (Zuflucht) suchen; einen Unterschlupf finden
bi dest xistin erhalten, bekommen
goşt *m* Fleisch
daristan *f* Wald
ronî / ronahî *f* Licht, Helligkeit
xuya kirin aussehen, zu erkennen sein
qayîl bûn einverstanden sein
hilkişîn aufsteigen, besteigen
hêwirin setzen, legen

sifre *f* mit Speisen bedeckte Tischdecke
kêf *f* Freude, Vergnügen, Begehren
vexwarin trinken
hêşînayî *f* (alles) Grüne
fêkî *m* Obst
şuşe *f* Flasche, Glas
şerav *f* Wein
spî weiß
sebir *f* Geduld
deqqe *f* Minute
pê hesîyan hören, erfahren
qismet *m* Schicksal, Bestimmung, Zufall
lez schnell, eilig
plan *m* Plan
saz *f* Klang, Musik, Musikinstrument
zirîn schreien (*Esel*)
mirnaw kirin miauen
himber / hember gegen, gegenüber
şemate *f* Lärm
bîhn girtin (ein-)atmen
di ser da girtin überfallen, stürmen; erwischen
pixêrî(g) *f* Küche
xwelî *f* Asche, Erde
germ warm, heiß
glor rund
vezelîn sich hinlegen
tûrt *f* Hof
dirêj bûn sich erstrecken
westîyayî bûn müde werden, ermüdet sein
çire *f* Lampe
vemirandin löschen, ausschalten
di xew da çûn einschlafen
ronî dan leuchten
cixare *f* Zigarette
vêxistin anzünden
pence *f* Tatze
hişyar wach
pîhn *f* Fußtritt
qîre qîr kirin schreien
heya bis
cem zu, neben, bei
meraq *f* Neugier, Interesse, Sorge, Besorgnis
cin *f* Geist, Dämon
hindik wenig
hindik ne ma beinahe, fast
kêr kirin erstechen
rind gut
xilas / xelas bûn gerettet sein/werden
xof *f* Angst, Furcht
bawerî pê anîn glauben
terik *f* Verlassen, Aussetzen
jîn / jîyan leben

B.

hezkirî beliebt
gurz *m* dutzend, einige, manche
dengbêj *m+f* Sänger(in)
piştgirî *f* Unterstützung, Hilfe
çalakî *f* Aktivität
diruşm *f* Motto, Parole
hemwelatî *m+f* Landsmann, Landsmännin
dilsoz mitfühlend, treu, nachfühlend
dilgermî *f* Herzlichkeit,
daxwaz kirin wünschen, fordern
awaz *f* Melodie, Stimme
silav *f* Grüß
dem *f* Zeit
biha *m* Preis
bîlêt *f* Ticket

C.

tirsîn sich fürchten
qahwe *f* Kaffeehaus, Kaffee
tê da dabei, drinnen, im Inneren, innen
welê so, also
welle bei Gott
dar *f* Baum, Stock, Stab
êş *f* Schmerz
payîz *f* Herbst
bêbext unglücklich, verräterisch
çirûskîn leuchten, glänzen, strahlen
dergûş *f* Wiege
hîv *f* Mond
sipehî schön, hübsch
xwar bûn sich beugen, sich bücken
rohnî kirin beleuchten, erhellen
bar kirin umherziehen, fortfahren
pêl *f* Welle, Wogen, Regenguss
deranîn herausbringen, herausholen
qûm *f* Sand
sar kalt
westa müde
bêkes einsam

D.

mist *m* innere Handfläche, Handvoll
zivistan *f* Winter
da (ku) damit, um zu, dass
îşev heute Nacht, in dieser Nacht
tî bûn Durst haben, durstig sein
tî durstig
umr *m* Leben(-sdauer), (Lebens-)Alter
mey *f* Wein
şikandin brechen, zerbrechen
şewat *f* Brand
lorîn ein Wiegenlied singen
weke wie, sowie
pêtek / pêtik *f* Streichholz

E.

bîr *f* Brunnen
jêr unten, unterhalb, unter
rih *m* Bart
jur / jor oben
simêl / simbêl *m* Bart

KAPITEL 7

A. Text

Bîsmîllahîrrehmanîrrehîm

Mîqdad Mîdhet Bedirxan

Sed hezar şikir û hemd ji Xwedê teala re, em Musulman xelq kirin û zanîna ilm û marîfetê re hiş û zeka da me. Derheqa elimandina ilm û marîfetê re gelek ayetên celîle û ehadîsê şerife henin. Dinyayê de çiqas Musulman hebin, gund û bajêrên hemîya de mekteb û medrese û cerîde henin. Dinyayê de çi dibe çi nabe, cerîde dinivisinin. Heyfa min têt ji Kurda re. Kurd ji gelek qewma zêdetir xweyhiş û zeka ne, camêr in, dînên xwe da rast û qewî ne, xurt in; û dîsa weke qewmên dî ne xwenda ne, ne dewlemend in; dinyayê de çi dibe, cîranê wan Mosqof çawa ye, wê çi bike, nizanin. Loma, rîya Xwedê de min ev cerîdeya ha nivîsî. Bi îzna Xwedê teala paş nuho, her pazde roja de carekê ez'ê cerîdekê binivîsim. Navê vê min kirîye „Kürdistan".
Vê cerîdeyê de ez'ê behsa qencîya ilm û marîfeta bikim; li kuderê mirov dielime, li kuderê medrese û mektebên qenc hene, ez'ê nîşa Kurda bikim; li kuderê çi şer dibe, dewletên mezin çi dikin, çawa şer dikin, tîcaret çawa dibe, ezê hemîya hîkat bikim.
Heta nuho kesê cerîdekê holê nenivîsîye. Ev cerîdeya min a ha, ya ewwulî ye. Loma wê gelek kêmayî hebitin. Ez hêvî dikim kêmayîya cerîdeyê ji min re binivîsin. Hemî tişt wekî nû çêdibin kêm in, paşê hingî diçe dikeve rê de.
Eve êdî ez'ê dest meqsedê bikim. We mînellahîttewfîq!
Hezretê Pêxember, eleyhîssalatu wesselam, gotîye „el'ulemau weresetul'enbîyaî"; ango „ulema warisên enbîya ne", ji terefê Xwedê de me'mûr in wa'z û nesîhetê bidin xelkê, rîya qenc nîşan wan bikin. Loma, gelî ulemayên Kurda, çawa un wa'z û nesîheta nimêjê didin, welê divê un mîr û axa û Kurmancên dinasin, wan teşwîqa zanîna ilm û marîfetê bikin, rîya qenc nîşa wan bikin. Heki un wê nekin, gunehê hemîya stûyê we ye.
Dîsa Hezretê Pêxember, eleyhîsselam, gotîye „el-ilmu ilman, ilmul-ebdan we ilmul-edyan"; ango „ilm didu ne, yek jê ilmê bedena ye, yek jî ilmê dîn û îmanê ye". İlmê bedena, hekîmî ye.
Gelî mîr û axano! Heta nuho kî ji we guh daye vî emrê Pêxember! Kî ji we zarûyên xwe, birayên xwe, mirovên xwe rêkirine dane xwendin! Kî ji we gundê xwe de, bajêrê xwe de mektebek, medresekek daye çêkirin! Gelî ulemano! Un çire wan hedîsa ji mîr û axa re naxwînin! Un çire cerîdeyên Erebî naxwînin, da un bizanin dinyayê de çi dibe!
Disa Hezretê Pêxember, eleyhîsselam, gotîye „el-kasîbu hebîbullah"; ango „mirovê kesb û karî bike, Xwedê teala hej wan dike". Ew mirovê ne xwenda be, nizane cerîdeya bixwîne; ew mirovê cerîdeya nexwîne, nizane li kuderê tîcaret qenc dibe. Cerîdeyên

nuho tên nivîsandin, behsa hemî tişta dikin; mirovên wan bixwînitin, wê bizanibe malê destê wî de li kuderê pera dike.
Van salên ha de İstanbulê mektebek hatîye çêkirin. Navê vê mektebê "Mekteba Eşîra" ye; xêrê zarûyên eşîra zarûyên kesê qebûl nakin. Ji Bexda û Şamê, ji Yemenê, Şemmer û Enze hemî zarûyên xwe rêdikin İstanbulê; vê mekteba eşîra de dixwînin, her sal du heyva diçin malên xwe, paşê dîsa tên. Şeş-heft sala de alimên qenc ji wan derdikewin, paşê duyîn diçin gund û bajêrên xwe. Dewlet her heyv pera dide wan. Dibin me'mûr, hêdî hêdî dibin muteserrif, dibin walî.
Gelî mîr û axano! Gunehê zarûyên we wê stûyê we be. Un jî zarûyên xwe rêkin bidin xwendin. Dewlemendên we bila gunda de mekteba çêkin, rîya Xwedê da xêra bikin.
(...)
Heki we guh neda van nesîhetên min, heki dîsa hun şivanî û rencberîyê tenê bikin, zemanek hindik de Kurdistan wê yekcar xira bibe. Cîranê we Ecem jî berê wek Kurda bî. Vî zemanê paşî ewan jî qenc zanîn bê ilm û huner nabitin. Ecema gelek mekteb û medrese henin, ewladên xwe rêdikin welatên dûr didin xwendin. Nuho jî ji begzadeyên Ecem sê-çarek İstanbulê li Mektaba Herbîyeyê de ne.
Gelî mîr û axano! Qenc fekirin dora xwe! Un hingî diçe feqîr û kêm dibin. Sebeb cahilîya we ye. Elhemdu lîllah gelek mekteb û medrese henin. Rîya Xwedê de zarûyên xwe rêkin bidin xwendin, ji vê cahilîyê xilas bibin, dinya û axreta xwe mamûr bikin. Xelk dibêjin „heki Kurd bixwînin, wê ji alemê xurttir û dewlemendtir bibin".
Dîsa Hezretê Nebî eleyhîsselam, gotîye „utlbul'l-ilme welew fî's-Sîn"; ango „ilim Çînê bitin, herin wê derê bixwazin, bielimin".
Gelî mîr û axano! Ez ji we dipirsim: Kî ji we hata nuho mirovek xwe rêkirîye kuderê, da bixwînit! Elhemdu lîllah Bexdayê, Şamê, İstanbulê mekteb û medreseyên hukumetê hene, bêmesref in; herçî ji we zarûyên xwe teslîmê hukumetê biket, bê mesref wê rêkin bidin xwendin.
Berî du-sê sala dewleta Çîn û Japonyayê şer kirin. Eskerê Çînê deh cara ji eskerê Japonyayê zêdetir bî. Hemî şera de, Japonyayê karî eskerê Çinê. Werin, vê carê sebeba vî halî bipirsin: Mirovên Çînê cahil in, mirovên Çînê tiştekî nizanin, mirovên Çînê nizanin top û tifingên vî zemanî biemilînin. Eskerê Japonyayê, top û tifingên xwe ew xwe çêdikin; hemî dera re tîcaretê, kesb û karî dikin. Loma dewlemend in. Saya dewlemendîya xwe, sîlahên kêm zûka ji derên dûr kirîn û xweş xweş şerên xwe kirin, karîn dişminên xwe. Nuho hemî malên xwe rahet in, kes nikare xwe bide ser wan.
(...)
Gelî ulema û mîr û axayên Kurda! Un hemî esl û neslê min dizanin. Ceddê min Hezretê Xalid îbnî Welîd e, redîyellahu teala enhu, eşîra me Botan in, şuhreta nesla me Ezîzan in. Ez rîya Xwedê de dixebitim, min ev cerîde çêkir, vê rê de ez gelek pera serf dikim, zehmetê dikêşim. Meqseda min qencîya Kurda ye. Un jî ji xêra Xwedê re dest hilînin,

Kurda bidin xwendin, zarûyên xwe bielimînin ilm û edebê, bielimînin sin'eta. Mirovên Musulman divê xwenda bin, divê bielimin dînê xwe.
(...)
Êdî ji ulemayên Kurda hêvî dikim, vê cerîdeya min ji mîr û axa û Kurmanca re bixwînin, derheqa elimandina ilmê de Xwedê teala û Hezretê Pêxember, eleyhîsselam, çi emir kirîye, ewî bikin aqilê wan de. ...

B. Nûçe

Li Hannoverê şevek ji bo xwendina helbestên kurdî

HANNOVER. Nivîsgeha Wêjeyê ya Şaredariya Hannoverê dê roja sêşema bê, 14.12.2004ê, şeveke helbestxwendinê ji bo helbestvanê kurd Merwan Osman pêk bîne. Osman dê helbestên xwe bi kurdî bixwîne û wergera wan a elmanî dê ji hêla xwênerekî elman ve bê pêşkêşkirin. Merwan Osman îsal burseya salana ya Hannah Arendt a bajarê Hannoverê stend. Ew di sala 1959ê de li bajarê Amûdê li Kurdistana Suriyê ji dayik bûye û wekî helbestvan bi navê „Royarê Amedî" hatiye naskirin.
Şeva helbestê dê li Künstlerhaus, Sophienstraße 2, Hannover, li dar keve û seet 19.30 dest pê bike.

C. Pêkenok

Feyda ziman

Mişkek û çêlikên xwe li derve digerîyan. Bi carekê de çavê wê li pisikekê ket. Mişkê dest pê kir, ewtîya.
„Ewt", „ewt", „ewt"!
Gava ku pisîkê ewtîna wê bihîst, got qey kuçik e, ji tirsan ji wê derê reviya.
Mişkê jî ji çêlikên xwe re weha got:
- Yaaa zarokno, we jî bi çavên xwe dît ku çiqas bi feyde ye ku meriv bi zimanekî biyanî bizanibe!

D. Helbest

Rûken be

Kemal Burkay

Rûken be, bila ewr biçin
Karker bi dil bixebitin, rûken be
Ka ez çawa nû dibim

Dibe ku fîlmek tê bajêr
Daristanek ava dibe li çolan
Hewa diguhure, dibe Behra Sipî, rûken be

Qamîşên min hebûn, çemên min hebûn zehf
Çaqilên min hebûn
Le tu tiştekî din î, nizam fêm diki?
Wekî birçî me, ji dayîk suketî me
Bajar hemû ji min suketî
Pisikek min jî tune, nizam fêm diki?
Hewa diguhure, dibe Behra spî, rûken be

E. Gotinên Pêşîyan

Quzî avê li rîya avê dişke
Kevir navêje kûçikê xwe ku cîran jî navêjin

F. Glossar

A.

sed hundert
şikir *f* Dank, Danksagung
hemd *f* Lob
teala *f* Allmächtiger, erhaben
xelq kirin (er-)schaffen, hervorbringen
ilm / îlim *f* Wissenschaft
marîfet *f* Geschicklichkeit, Kunst
hiş *m* Vernunft, Verstand, Sinn
zeka *f* Intelligenz, Klugheit
derheq betreffend, bezüglich
elimandin lehren, unterrichten
ayet *f* Koranvers
celîle groß, hoch, ruhmreich
hadîs *f* Überlieferung
şerif ehrenvoll, ehrsam
mekteb *f* Schule
medrese *f* Schule
cerîde *f* Zeitung
heyf hatin bedauern, bemitleiden
qewm *m* Volk, Stamm
xwey *m+f* Besitzer(in), Eigentümer(in)
camêr *m* Edler; mutig, tapfer
dîn *m* Religion
qewî stark, kräftig, gesund
îzn *f* Erlaubnis, Genehmigung
nuho jetzt
paş nuho von nun an, von jetzt an
pazde fünfzehn
behs kirin erzählen, berichten, darlegen
li kûderê wo
nîşan kirin zeigen
dewlet *f* Staat
tîcaret *f* Handel
hîkat / hîkayet kirin erzählen, berichten
holê so, auf diese Weise
ewwulî / ewilî, erster, zuerst, erstens
kêmayî / kêmanî *f* Mangel, Schwäche
hêvî kirin hoffen, erwarten
meqsed *f* Ziel, Absicht, Zweck
ango also, nämlich, darum
ulema *f* Gelehrte
waris *m+f* Erbe, Erbin
enbîya *f* (*Pl. von nebî*) Prophet
teref *m* Seite
memûr beauftragt, ermächtigt
waz / weiz *f* Predigt
nesîhet *f* Ratschlag, Belehrung
gelî (Kenntlichmachung einer Anrede)
un / hûn ihr, Sie
nimêj *f* Gebet
mîr *m* Anführer, Fürst, Prinz
axa *m* Agha, Herr
nasîn kennen, wissen, erkennen
stû *m* Hals, Nacken
guneh stûyê we ye Das müssen Sie verantworten
beden *m* Körper, Gestalt
îman *f* Glaube
hekîmî *f* ärztlicher Beruf, medizinische Wissenschaft
emir *m* Befehl, Erlass
bra *m* Bruder
rêkirin verschicken, auf den Weg bringen
çire warum
erebî arabisch
kesb *f* Gewinn, Nutzen
hej / hez kirin lieben, mögen
mal *m* Besitz, Habe, Güter
pere kirin kosten

eşîr *f* Stamm, Sippe
xêr / xeyr außer, mit Ausnahme von
Bexda *f* Bagdad
Şam *f* Damaskus
Şemmer û Enze (arabische Stämme)
heyv *f* Monat, Mond
alim *m* Gelehrter
muteserrif *m* Gouverneur
walî *m* Generalgouverneur
xêr kirin wohltätig sein
şivan *m+f* Schäfer, Hirte
şivanî *f* Tätigkeit eines Schäfers
rencberî *f* Land-, Feldarbeit
zeman *f* Zeit
yekcar einmal
ecem *m+f* Perser(in)
ewlad *f (Pl. von weled)* Kinder
begzade *m* Mitglied aristokratischer Familie
Mekteba Herbîye *f* Kriegsschule
fekirin schauen, umschauen
feqîr arm, mittellos
cahilî *f* Unwissenheit, Ignoranz
elhemdu lîllah Gott sei Dank
xilas / xelas *f* Ende, Schluss, Befreiung
axret *f* Jenseits
mamûr kirin aufbauen
mesref *f* Kosten, Ausgaben
herçî jeder, alle, der, wer auch immer, was auch immer
teslîm kirin übergeben, anvertrauen, abgeben
hukumet *f* Staat, Regierung
şer kirin kämpfen, streiten, Krieg führen
esker *m* Soldat, Armee
hal *m* Situation, Zustand
cahil unwissend, ungebildet
top *f* Kanone, Geschütz
tifing *f* Gewehr
emilandin einsetzen, benutzen, beschäftigen
saye *f* Gunst; dank, infolge, aufgrund (von)
sîlah *f* Waffe
zû(k) schnell
dişmin / dijmin *m+f* Feind(in)
rahet friedlich, gemütlich, angenehm
esl / esil *m* Ursprung, Herkunft
nesl *m* Nachkommenschaft, Rasse, Generation
cedd *m* Vorfahr, Ahn
şuhret *f* Ruf, Berühmtheit, Ruhm
xebitîn arbeiten, tätig sein
serf kirin ausgeben, verbrauchen
zehmet *f* Anstrengung, Mühe, Schwierigkeit; schwer, mühsam, kompliziert
zehmet kêşin / kişandin sich sehr anstrengen, viel durchhalten müssen
hilanîn heben, hochheben; räumen
sinet *f* Handwerk, Beruf

B.

nivîsgeh *f* Büro
sêşem *f* Dienstag
helbestvan *m+f* Dichter(in)
werger *f* Übersetzung
wergîr *m+f* Übersetzer(in)
elmanî deutsch
hêl *f* Seite, Umgebung
ji hêla seitens, von
pêşkêşkirin vorführen, darbieten, aufführen, anbieten
burs *f* Stipendium
ji dayikê bûn geboren werden

wekî als

C.

feyda *m* Nutzen, Vorteil
çêlik *m* (Tier-)Junges
çav lê ketin erblicken, bemerken, entdecken
(h)ewtîn bellen

D.

rûken freundlich, lächelnd
karker *m+f* Arbeiter(in)
nû bûn sich erneuern
ava bûn blühen, gedeihen
hewa *m* Klima, Luft, Wetter
guhartin wechseln, ändern, verändern
Behra Sipî *f* Mittelmeer
qamîş *f* Schilfrohr, Bambus
çaqil *m* Kiesel(-stein)
tiştek etwas
din ander(-er, -e, -es)
suketî enttäuscht

E.

Qûz / kûz *m* Krug

KAPITEL 8

A. Text

Mar dûvê xweyî qut bîr nake

Hebû mirovekî pîr û belengaz. Ew xwediyê çend pezên spî û reş bû. Hero, serê sibehê, di bihna rojê ya pêşînda, ew ji mala xwe derdik'et, pezên xwe didan ber xwe û diçû çolê h'eta ko wan biç'êrîne. Wî mirovî xweş p'if dikir bilûrê û h'eta ko wextê xwe biborîne li bilura xwe dida u stranine zîz u melûl, nexmeyine dilhebîn u hewindar dileyistin.
Rojekê ew di nav kulîlk û giyanda bi xişexişekê hesiya û halo nêrî û dît ko marekî mezin ber bi wîva tê. Mar çend gav ber bi wîva hat lê bi derbekê rawesta, rabû ser dûvê xwe û dest bi dîlanê kir, mar wextekî dirêj bi k'êfxweşî reqisî, mîna di dema gulana maranda û dawî vegeriya k'una xwe û jê bi derk'et û hat pêş şivên û zêrekî zer danî pêş wî. Mar û mirov, p'ir ne borî, fêrî vê lihevhatinê bûn û eydî çi bihar, çi havîn, hero serê sibehê, di wextê xweda, ko marî dengê bilûrê dibihîst, dihat pêş pîrî, bi dilşayî direqisî û piştî vê wî zêrek dianî û didanî pêşiya şivên.
Du sal ne qediya bûn, ko şivan bû dewlemend û herwekî ew dindar bû, rojekê gote xwe: „Ez bûm dewlemend, min divê, ez herim û mala xwedê t'ewaf bikim".
Piştî vê qirarê, mirovî banî kurê xwe kir û hal û h'ewalê xwe û marî jêra da zanîn û gotê: „Kurê min, dewlet serî vî marî em bûn dewlemend. Dotira roja çûna min, divê tu di spêdeyêda, pezên me bidî pêş xwe û herî cihê, ko min şanî te da û lê li bilûrê p'if bikî. Tu ê bibînî, ko marekî zêrdil dê bê pêşiya te û ew bi çelengî û nazdarî dê bireqise û piştî qedandina dîlanê ew û ji tera zêrekî zer wê bîne û dayne ber te. Lê lawo, we nebe, ko tu bi qesda t'alankirina gencînaya marî wî bikujî. Divê tu xweş bizanî, ko heke qeda dê bik'eve mala me".
Dotra roja, ko mêrik berê xwe da h'ecê, lawik bi pezanva çû cihê nîşandayî û dest bi leyistina bilûrê kir. Demeke kurt borî, ç'avê lawik bi marî k'et, yê ko ber bi pêş dihat. Mar, herwekî bavê wî jêra gotibû, pêşberî wîda rawesta. Lawikî p'ifkirina xwe hêj xwêştir kir. Marî xwe berda serxweşiya semayê; mîna levenekî di aveda, weke terhekê li ber bayî xwe dih'ejand, dik'et aliyên ç'ep û rastê direqisî, direqisî. Dawî mar vegeriya k'una xwe, zêrek anî û danî ber lawik. Mîna ko bavê wî jêra gotibû eydî hero, serê sibehê lawik dihat cihê mêr û li bilûra xwe dixist.
Lê wextekî dirêj ne borî, ko xortê me ji marî aciz bû û gote xwe: „H'eta k'engê ez ê xulamtîya vî marî bikim. Bavê min mirovekî pîr û sist bû, lê ez ciwanim, ez jêhatîme, bi xwedê, ez ê vî marî bikujim, gencîneya wî t'alan bikim û xwe û bavê xwe û dûndanên xwe ji dîlîtiya mer xilas bikim".
Lawik, ko carek qirar da, hema şûrek p'eyda, wî ev şûr xist bin kepeneyê xwe û pezên xweva, mîna adetê çû cihê, ko em pê dizanin û dest bi p'ifkirina bilûra xwe kir.

Mar hat mîna hero, bi dilp'akî, sema kir. Lawik mestiya marî firsend dît û bi şûrê xwe li marî da û dûvê marî qetand. Lê di vê hengamêda marî jî pê veda.
Jehra marî gelek xurt bû, lawik di cihda bêhiş k'et û ji bîrva çûyî ma, cendekê wî nepixî û ber bi êvarê mir.
Xelke gund gava ditin, ko roj çu ava û lawik venegeriya mala xwe, gelek li ber wî k'etin û hema bi şev lê geryan. Wan ew ber bi nîvê şevê p'eyda kir û herwekî ew kurê mirovekî dewlemend bû, jêra der cihê, ko ew mir, di bi darên bîşenganra t'irbeke spî ava kirin û wan ew têda veşart.
Roja vegera h'eciyan hatî bû, xelk çûn ser rê pêrgîna wan. Gava bavê lawik, di nav xelkêda kurê xwe nedît, di canê xweda bi êşeke k'ûr hesiya û di xweda got: „Xwedê dizane lawê min qurbana sergermiya xwe bûye".
Bavê reben gelek qehirî, lewma kurê wî li ber dilê wî gelek şîrîn bû. Lê tol vekirin ne hat bîra wî, li nik wî berpirsiyar lawê wî bû.
Her çi jî be, dotra ew pez dan bar xwe û çû cihê zanî û dest bi leyistina bilûra xwe kir. Mar ji k'una xwe derk'et lê nêzîkî lê ne kir. Mirovî got: „Heyran, çima pêşva nayî û mîna berî sema nakî, ma em ne hevalên hevin?" Marî lê vegerand û got: „H'eta, ko ev t'irba spî di pêş ç'avên tedaye û dûvê minî qetandî ber pêş ç'avên min, eydî di nav bera meda hevaltî çê nabe", û mari bêyî, ko li hêviya bersîva pîrî bimîne, dev jê berda û vegerîya k'una xwe.

Merivê bê derdî bê kirase

Rojekê p'adşek nexwaş dik'eve. H'ekîma çi dermanî didanê k'ar nedikir. H'ekîmek gotê, go: „P'adşaî xweşbe, dermanê te kirasê merivê bê derde, ka tu kirasê merivekî bê derd xwekî, tuê pêra-pêra qenc bî".
P'adşa meriv şandin, ku kirasekî usa bînin. Ew merivana gelekî geryan, lê merivê ku derdê wî t'unebe ne dîtin. Îda ew dixastin bizviryana biçûna bigotana p'adşê, wekî merivê usa t'une li t'u e'rda, nişkêva rêda rastî şivanekî tên û jê dipirsin: „Şivan, qet derdê te hene, yan na?" Şivan divê: „Filankes, ez gotina we fe'm nakim, derd çiye, h'eywane, gîhaye, çiye?" Merivê p'adşê şa dibin, dilê xweda divên: „Me dermanê p'adşê dît". Ew şivanra şirovedikin derd çiye, şivan divê: „A, naka min fe'm kir derd çiye. Na, derdê min t'unenin, wekî seva her tiştekî bifikirim ezê rojekêda bimirim".
Merivê p'adşê divên: „De wekî usane, kirasê xwe bifroşe me, ew lazimî p'adşêye". Şivan divê: „Kirasê min t'unene, hebya ser ç'e'va, ser sera. Axa çi dide min ez wî jî xwe dikim. Ez wekî seva kiras bifikiryama, wê minra bibûya derd, lê ez dixazim bê derd bim".
Merivê p'adşê zivirîne cem p'adşê û gotin; „P'adşaî xweş be, dermanê te t'une, merivê bê derdî bê kirase".

B. Nûçe

Pirtûkeke dersê ya nû

Li Almanyayê, Yekitiya Mamosteyên Kurd, YMK, bi hevkarîya Sendîkaya Mamosteyên Almanya, GEWê, pirtûkeke dersê derxist. Navê pirtûkê „LÜK" „Kurdiya hêsan" e. Li Swêdê navê vê sîstemê „PALIN SPEL"e. Amedekarên pirtûkê mamosteyên kurdî Xiyasedîn Zaroj Stêrk, Emîn Akbaş û Dr. Zerdeşt Haco ne.
Pirtûk ji 66 rûpelên rengîn pêk hatiye. Di pirtûkê de bi sedan peyvên kurdî, li gor hin temayan, bi nivîs û bi wêneyên regîn hatine weşandin.
Pirtûk ji aliyê YMKê ve tê belavkirin. Bihayê wê 9.73 Euro ye.
Pirtûk bi teknîka çapê, zimên û naveroka xwe ve pirtûkeke gelek hêja ye. Em bawer in ku dê kurdîyê bi zarokên kurd şêrîn bike.
Ji pirtûkê re bi kurdî, almanî, îngilizî û fransî pêşgotinek hatiye nivîsîn. Herweha di pirtûkê de li ser bikaranîna pirtûkê jî agehdarî hene.
Pirtûk bi qutiya „LÜK"ê ve tê bikaranîn. Di qutiyê de pûlên bi hejmar hene. Li gor hin qaydeyên ku di pirtûkê de hatine nivîsîn, zarok hem dilizin hem jî kurdî hîn dibin.
Li gor ku di pêşgotinê de hatiye nivîsîn, pirtûk ji bo van kesan e:
1. Zarokên ku zimanê wan yê dayikê kurmancî ye, lê ew bi zimanê dayikê nehatine perwerdekirin.
2. Kesên ku qet zimanê kurdî nizanin û zimanê kurdî wek zimanekî biyanî hin dibin.
Di pirtûkê de ferhengoka peyvên hevwate jî heye.

C. Pêkenok

Lawik hêdî dimeşya

Mamoste ji teleba xwe ya keçikî dipirse:
- Tu ji bo çi dereng mayî?
- Mamoste, gava ku ez dihatim mektebê lawikek li pey min bû, hema bala xwe di min dida, ji ber wê ez hinekî dereng mam.
- Ê te jî lez bikira?
- Lê lawik hêdî dimeşîya!

D. Helbest

Bahoz

Osman Sabrî

Wa ha!
Va ye hat ba!
Hu…v… Hu…v…
Geh bayê reş,
Geh bayê kûr,
Çiya.
Newal,
Zimag
Bi hev re yek deng
Dikin gure gur
Du bayên sar
Radihêjînin
Giya û dar.
Hu…v…
Hu…v…
Yek ewran dicivîn
Ê din ji hev direvin,
Dikin şer
Bi awir.
Yek bûye Hurmiz
Rûgeş û li ken.
Ê din bêmirês
Wekî Ehreman.
Li rûyê erdê,
Di nava ezmên
Ewrên reş
Ewrên gewr,
Rast û çep
Diçin tên
Herdu bayên ha,
Bi xurtî û şîn
Hevdî kol dikin
Wek du dêvên dîn
Herdu ba,
Bi vî halê ha,
Dikin şer,
Dikin ceng.
Dinya ser û bin,
Hawîr bûye deng,
Guvvîn!..
Gujjîn!..
Gurmîn!..
Diheje cîhan,
Diheje zemîn.
Bayê kûr,
Ji bakûr,
Bi leşkerekî xurt,
Bi leşkerekî gurr,
Bi pêlan,
Bi kilan,
Dajo ser neyar,
Wekî gurê har
Da ku bi derxe
Di nav cih û war.
Dikin şer,
Dikin ceng.
Gujjîn!..
Guvvîn!..
Gurmîn!..
(...)

Pîrozî

Osman Sabrî

Dibên keçek me nuh bû ye,
Navê pêşîn kirin Tavîn.
Ev bejndirêj çeleng rû ye,
Hêjayî wî navê şîrîn.
Du rehên xurt tê bûne yek,
Bavê wê Kurd, dê German e.
Ev tov reşand destê Felek,
Navxweş gula me Kurdan e.
Bijî Tavîn pirr bextiyar,
Bi bav û dê, xwîşk û bira.
Li Berlînê heya Welêt,
Her şewl bidî wekî çira.

E. Gotinên Pêşîyan

Kes nabêje dewê min tirş e.
Di pêş terî gez dike, di dû terî pîn dike.

F. Glossar

A.

dûv *m* Schwanz
qut abgeschnitten, verstümmelt
pezê spî *m* Schaf
pezê reş *m* Ziege
hero(j) jeden Tag
serê sibehê frühmorgens
bihn *f* Duft, Hauch, Parfüm, Geruch
pêşîn erst(-er, -e, -es); zuerst
heta ko damit, so dass
çerandin weiden lassen, abweiden
pif kirin blasen, pusten, pfeifen
borîn verbringen, vergehen, passieren, überqueren
zîz traurig
nexme *f* Melodie
dilhebîn rührend, herzergreifend
hewindar liebevoll, verliebt
leyistin spielen
kulîlk *f* Blume
xişexiş *f* Rascheln, Knistern
halo dann
gav *f* Schritt, Lauf
bi derbekê schlagartig, plötzlich, auf einmal
rawestin stehen bleiben, anhalten
dîlan *f* Tanz, Gesang
kêfxweşî *f* Freude, Vergnügen
reqsîn tanzen
gulan *f* Mai
kun *f* Loch
fêr bûn lernen, erfahren, gewöhnen
li hevhatin *f* Vereinbarung, Verständigung
eydî von nun an
dilşayî *f* Freude
qediyan zu Ende gehen, vollenden, beenden
herwekî wie, da, geradeso wie
dîndar gläubig, religiös
tewaf kirin siebenmal die Kaaba umkreisen
qirar *f* Entscheidung
hewal *m* Zustand, Neuigkeit
dewlet *f* Glück, Reichtum; dank, aufgrund (von)
dotir nach, nächst(-er, -e, es)
spêde *f* Morgendämmerung, Sonnenaufgang
çelengî *f* Eleganz, Beweglichkeit
nazdarî *f* Zärtlichkeit, Sanftheit
lawik *m* Junge, junger Mann
qesd *f* Absicht, Ziel, Zweck
talankirin *f* Plünderung, Beraubung; erbeuten
gencîna *f* Schatz
qeda *m* Unglück, Katastrophe
hec *f* Wallfahrt
pêşber vor, vorn, davor
serxweşî *f* Rausch
sema *f* Tanz
levene *m* Schilfrohr
terh *f* Staude, Strauch
çep links
xort *m* junger Mann, jung
aciz bûn erschöpft, müde sein
xulamtî kirin dienen, bedienen
sist schwach, langsam
ciwan jung
jêhatî tüchtig, fähig
dûndan *f* Nachfahren, Nachkommen
dîlîtî *f* Abhängigkeit

şûr *m* Schwert
peyda kirin besorgen, vorbringen, finden
kepene *m* ungenährter, ärmelloser Filzüberwurf der Schäfer
dilpakî *f* Treuherzigkeit, Ehrlichkeit, Naivität
sema kirin tanzen
mestî *f* Begeisterung, Betrunkenheit
firsend *f* Gelegenheit
firsend dîtin ausnutzen
qetandin schneiden, abschneiden, abtrennen
hengame *f* Tumult, Aufregung
bêhiş ketin die Besinnung verlieren
ji bîrva çûyîn in Ohnmacht fallen
cendek *m* Körper, Leiche
nepixîn schwellen, anschwellen, dick werden
li ber ketin sich Sorgen machen
nîvê şevê *m* Mitternacht
bîşeng *f* Trauerweide
tirbe *f* Mausoleum, Grab
veger *f* Rückkehr, Heimkehr
hecî *m+f* Mekkapilger(in)
pêrgîn *f* Empfang, Begegnung
hesiyan fühlen, empfinden
qurban *f* Opfer
sergermî *f* Eifer, Erregung
reben arm, unglücklich
lewma weil, da
şîrîn süß, liebenswürdig
tol vekirin Rache nehmen, entschädigen
nik bei, neben, auf, nach
li nik wî seiner Meinung nach
berpirsiyar verantwortlich, schuldig
herçî was auch immer
heyran lieber Freund!
pêşve hatin vorwärtskommen
qetandî abgeschnitten, geschnitten, verstummelt
hevaltî *f* Freundschaft

kiras *m* Hemd
padişah *m* König
nexweş ketin erkranken, krank werden
hekîm *m+f* Arzt, Ärztin
derman *m* Medikament
kar kirin nützen
gote *f* Wort; Aussage
xweş bûn genesen
li xwe kirin sich anziehen
pêra pêra sofort, auf einmal
qenc gut, wohl
îda schon, bereits
zivirîn zurückkehren, sich auf dem Heimweg machen
erd *m* Erde, Land
filankes Herr Soundso; der und der
fem / fêm kirin verstehen, begreifen
heywan *m* Tier
şirove kirin erzählen, erklären
naka jetzt, sogleich
seva für
de also, ja, endlich
firotin verkaufen
ser çeva, ser sera mit Vergnügen, gerne

B.

yekitî *f* Einheit, Vereinigung, Verein, Union
hevkarî *f* Zusammenarbeit, Kooperation
hêsan leicht, einfach
Swêd *f* Schweden

sîstem *f* System
amedekar *m+f* Herausgeber(in)
rûpel *f* Seite, Blatt
pêk hatin bestehen, entstehen
tema *f* Thema
wêne *f* Zeichnung, Porträt, Bild, Foto
belav kirin verteilen, veröffentlichen
teknîk *f* Technik
çap *f* Druck
naverok *f* Inhalt
hêja von guter Qualität, interessant, ausgezeichnet
şêrîn süß, angenehm, liebenswürdig
pêşgotin *f* Vorwort
bikaranîn *f* Verwendung, Gebrauch; verwenden, benutzen, gebrauchen
agehdarî *f* Information
pûl *f* Plättchen
qayide *m* Regel, Bestimmung, Basis, Prinzip, Norm
hîn bûn lernen
zimanê dayikê *m* Muttersprache
perwerde kirin erziehen, ausbilden
zimanê biyanî *f* Fremdsprache
ferhengok *f* kleines Wörterbuch
hevwate synonym

C.

telebe *m+f* Schüler(in), Student(in)
dereng man sich verspäten
li pey hinter, hinter her
bala xwe dan Acht geben, beobachten, verfolgen
hinekî ein wenig, etwas
lez kirin sich beeilen

D.

wa ha so, derart
va das da, dies hier
geh ... geh manchmal ... manchmal
newal *f* Tal
zimag *f* Nordseite eines Berges
gure gur kirin donnern, krachen, dröhnen
rahejandin schütteln
revandin in die Flucht schlagen, verjagen, vertreiben
awir *f* strenger Blick
Hurmiz *m* Ormuzd (der Gott des Guten in der zoroastrischen Religion)
rûgeş freu, erfreulich
ken *f* Lachen, Lächeln
bêmirês hoffnungslos
Ehreman Ahriman, böser Geist (Gegenspieler von Ahura Masda im Zoroastrismus), Teufel
rûyê erdê *m* Erdoberfläche
li rûyê erdê überall, auf der ganzen Erde, in der ganzen Welt
xurtî *f* Kraft, Stärke
şîn *f* Trauer, Wehklagen
kol kirin verwunden, mit der Faust schlagen
dêv *m* Dämon, Riese
ceng *m* Krieg
hawîr überall
guvvîn heulen
gujjîn dröhnen
gurmîn donnern, krachen
hejîn / hejan zittern, beben
cîhan *f* Welt
zemîn *m* Erde, Boden
bakûr *m* Norden
gurr laut und stark

kil *f* Stoß, Schlag, Erschütterung
ajoten fahren, führen, auf etwas zusteuern, gegen jemanden vorgehen
har wild, wütend, verrückt, toll
derxistin entfernen, hinauswerfen, herausnehmen, herausholen
nuh / nû neu, frisch
tavî *f* Frülingsregen
bejndirêj groß(-gewachsen)
çeleng fein, hübsch, schön
hêjayî *f* Eigenschaft, Qualität, Vortrefflichkeit
reh *f* Wurzel; Weg
tov *m* Korn, Samen
reşandin säen, ausstreuen
felek *f* Schicksal, Himmel
jîn leben
pirr / pir viel, sehr
şewl *f* Licht
şewl dan strahlen, leuchten

E.

dew *m* Molke, Buttermilch
pîhn kirin Fußtritte geben

KAPITEL 9

A. Text

Zilamek û zimanek

Herokol Azîzan

Belê heke ew zilamê xurt û bi vên peyda bû zilamek dikare zimanekî jihevdeketî saz bike û carina zimanekî mirî vejîne. Herwekî emê niho bibêjin ew zilam peyda bûye û zimanekî mirî vejandiye û ew xistiye nav zimanên zindî, nav wan zimanên ko mirov pê daxêvin û mexsedên xwe pê eşkere dikin.
Me got zimanên mirî û zimanên zindî. Bêdiro, ji awirê jiyînbariyê ve ziman jî wek mirovan û wek her heybera rihber dizên, dijîn û dimirin.
Ji zimanên mirî hin hene warkor û kordûnde diçin, di pey xwe re tu tiştî nahêlin; ne kêl ne kitêb. Hinên din di pey xwe re eserine mezin, kitêbine hêja dihêlin û ew kitêb hetanî îro jî têne xwendin. Lê ew ziman bi xwe mirî ne, ji ber ko êdî ew ne zimanê devkî ne û tu kes bi wan napeyive.
Li Ewropayê latînî, li rohelatê nîzing ibranî zimanine mirî bûn. Latînî îro jî zimanekî mirî ye. Lê herçî ibranî êdî ne zimanekî mirî, lêbelê zimanekî zindî ye.
Belê ew mirovê bi vên di nav cihiyan de derket û zimanê ibranî vejand. Ibranî zimanekî samî, zimanekî kevnare, hevalê erebiyê ye. Tewrat yek ji çar kitêbên mezin pê hatiye gotin û nivîsandin. Bi tenê zanayan pê dizanîn û di kiniştan de tewrat bi vî zimanî dihate xwendin.
Herçî cihi bi zimanine din, bi zimanên welatên ko tê de rûdiniştin xeber didan. Yanî cihiyan zimanekî milî, zimanekî xweser nîn bû û ji lewre wan bi zimanên xelkê xeber didan.
Di sala 1877an di şerê ûris û tirkî de zora tirkan çû bû û herçî miletên Belqanê ji bindestiya tirkan xelas bû bûn. Xelaskirina dewletên Belqanê nemaze bi destê çarê ûris çû bû serî û miletê ûris bi xwe bi vî îşî bendawar dibû û rojnameyên rûsî gelek qala dewletên Belqanê ên nû dikir.
Di welatê ûris de xortekî cihî bi navê Elyêzer bin Yehûda hebû. Kurê Yehûda wek herkesî bi vî şerî bendewar dibû û didît ko miletên bindest wek Sirbistan û Birxaristanê û ên mayîn ji nîrên zorkerên xwe xelas dibûn û digihaştin istiqlalên xwe. Yehûda bi van bûyeran li miliyeta xwe hişyar dibû û li ber halê miletê xwe diket. Yehûda didît ko halê miletê wî ji halê her miletê din xirabtir e. Cihî ne bi tenê bê welat û bê hikûmet in; lê zimanê wan jî nîne û bi zimanên xelkê xeber didin.

Xortê cihî qerara xwe da û di dilê xwe de got: divêt cihî vegerin welatê pêşiyên xwe, welatê kurên Israîl, û dîsan divêt ko cihiyan jî weke xelkê zimanek hebe û têk de pê baxêvin. Ev ziman jî zimanê pêşîyan, zimanê ibranî ye.

Yehûda hînî zimanê xwe bû û di sala 1878an de qesta Parîsê, qesta wî bajarê mêvanhewîn kir.

Li Parîsê, Elyêzer bin Yehûda têkilî cihiyên Parîsê bû. Elyêzer ji alîkî zimanê xwe pêş ve dibir û ji aliyê din fikrên xwe ên milî belav dikirin. Lê welatiyên wî bi xwe lê radibûn û heye ko digotin ev mirov dîn e. Lê Yehûda guh ne dida wan û ji esera xwe a mezin re bi vêneke xurt û mezin û bi serê xwe dixebitî. Yehûda kiri bû serê xwe ji miletê xwe ê bêziman miletekî biziman bîne pê.

Yehûda bi xwe hînî zimanê xwe, hînî ibraniyê bû bû. Niho diviya bû ibraniyê di nav civata miletê xwe de belav bike. Ji bo çandina tovê xwe jê re zeviyek diviya bû. Di sala 1881ê de Elyêzer keça mamosteyê xwe ji xwe re anî û berê xwe da Felestînê. Bi vî awayî jinikek, hîmê xanimanekê, keti bû destê wî. Zaro wê bidana pey. Yehûda bi rê ve, di vaporê de dersa jina xwe got û hetanî ko gihaştine erdê Felestînê jina wî hînî çend pirsên ibranî bû bû.

Gava pê li erdê pêşîyan kirin Yehûda gote jina xwe, ji niho û pê de emê bi tenê bi ibranî xeber bidin. Ibraniya jinikê gelek hindik bû. Jinikê kir ne kir lê mêrê wê ji qerara xwe ve ne geriya. Ne hewceyî gotinê ye ko zaroyên Yehûda hetanî ko bûne xort ji ibraniyê pê ve bi tu zimanî ne dizanîn û ji lewre di nav xelkê de lal dihatine hesêb. Lê bi vê laliyê miletê cihî wek miletine din bû xwediyê zimanekî, xwediyê zimanekî xweser.

Yehûda û xelkê mala wî di zîvariyê de dijîn. Lê çi xem. Ji fikirine mezin re fedakarîne mezin divêtin. Ji ber ko xelk bi derbekê bîra fikira mezin nabe. Yehûda nanê tisî dixwar lê gava didît ko xelkê mala wî bi ibranî xeber dida, bawer bikin, xwe bextiyartirê mirovên dinyayê dihesiband.

Dawiyê Yehûda rojnameke bi ibranî belav kir ji xwe re xwendevan jî peyda kirin. Bi rê va û di hin dibistanên cihî de dest bi xwendina ibraniyê jî kirin.

Ji milê din Yehûda ferhenga miletê xwe çêdikir û bêjeyên ko di zimanekî mirî de nînin ew jî pêk ve tanîn. Zimanê ibranî jî di nav cihiyan de belav dibû. Di sala 1922an de gava Elyêzer bin Yehûda mir zimanê ibranî yê ko berî 30-40 salî zimanekî mirî bû, bû bû zimanê miletekî. Ev ziman îro di Felestînê û di rex erebî û ingilîziyê de zimanekî resmî, zimanê dewlet û hikûmetê ye jî.

(…)

B. Nûçe

Ji weşanxaneya Belkiyê li Amedê du Romanên nû

AMED. Ji weşanxaneya „BELKÎ"yê li Amedê du romanên nû derketin. Yek ji wan romana Eliyê Ebdilrehan „Xatê Xanim" e, û ya din jî „Jar lê Sermest" a Lokman Ayebe ye. MALPERA AMÛDÊ li vê derê herdu romanan dide nasîn:

1. Xatê Xanim

Xatê Xanim yek ji romanên yekem e ku rasterast bi kurdî hatiye nivîsandin. Ev romana Eliyê Ebdilrehmên di sala 1959ê de li Yêrîvanê bi tîpên krîlî çap bûbû û tîpguhêziya wê ya latînî ji aliyê Mîdiya Têmûr û Dîdara Têmûr ve hatiye çêkirin. Digel ku Eliyê Ebdilrehman yek ji romannivîsên kurd ê yekem e jî, heta niha tu pirtûkên wî bi tîpên latînî nehatibûn çapkirin û loma jî xwendevanên kurd ew zêde nas nedikir. Di vê romanê de, bi bûyerên ku li derdora Xatê Xanima lehenga romanê ya sereke digere, nivîskar dixwaze demeke ji dîroka kurdan a dema osmaniyan veguhezîne romanê û di ber re awayên jiyîn û pêywendiyan nav eşîrên kurdan ên wê demê jî binirxîne. Roman bi zimanekî rewan, kurmanciyeke delal û çapeke baş derket bazarê. Ev roman ji aliyê fahmkirina wergirtina forma romanê ya di kurdî de yek ji mînakên herî giring e. Tevna romanê û zimanê wê ji tevn û zimanê gelek berhemên kurdî yên nûjen bi awayekî balkêş biserketîtir e.

2. Jar lê Sermest

Di van salên dawiyê de, bi geştirbûna bazara zimanê kurdî, li bakûrê welêt, gelek nivîskarên nû derketin û Lokman Ayebe jî yek ji wan e. Lê belê taybetiya ku Lokman Ayebe ji nivîskarên din cuda dike, ew e ku Ayebe bi kurmanciya xwe ya Dêrikê, ku gelekî baş bi kar tîne û dûrî kurmanciyê standart neketiye, romaneke delal nivîsandiye. (...)

C. Pêkenok

Dims ji çi çêdibe?

Zilamekî Eyndarî kurê xwe yê neh-deh salî digel xwe dibe civata gund. Yek ji rîsipîyên gund destê xwe di serê kurik dide û jê dipirse:

- Birazê, gelo tu dizanî dims ji çi çêdibe, yan na?

Kurik bi şêleka ji xwe razî bersîv dide:

- Belê apo, ez dizanim. Dims ji nokan çêdibe.

Bavê kurik serê xwe bilind dike, bi quretî sînga xwe dinepixîne û weha dibêje:

- Bi Xwedê kurê min ji xwe ber zanî ku dims ji çi çêdibe! Min heta nuha qet jê ra negotîye!

D. Helbest

Bilûra min

Seydayê Gerok

Bilûra min a şîrîn
tu di sariya sibehê
û hingura êvarê de
hevalê bêhevalan,
destbrayê şivan û dilketiyan î.
Dengê te
hêstirên dilên xemgîran,
silava ji hev-veqetiyan,
girîn û zarîna dilketiyan
tîne bîra min.
Bilûra min tu î,
xemrevîna terkeserên dinyayê!

Dengê bilûra min,
çiya û zozanên bilind,
kaniyên bi gul û rihan dorgirtî,
guhê şkeft û serê zinaran
guhdarên te ne!
Û sura bayê xerbî
te di nav pelên darê de digerîne.

Bilûra min, were emê
bi wî çiyayê bilind re
bi hewa kevin,
û bibin cîranê bayên xurt
û hevalê kimtên wan
yên bi mij û dûman,
û tê de dengê xwe berdin,
û zarîna dengê me
bikeve nav kortal û geliyan
û bêcaniya erdên jêrîn
bihejîne;
û pêlên ava heftreng

ên xemzebaz
nalîna me bigehîne
deşta Sirûç û Diyarbekrê;
û beriya mêrxasên Berazan;
û kalîna berxan
tev şehîna hespan
li me vegerînin.
(...)
Bilûra min,
dengê xwe berde!
Dinya,
mîna zarokekî berşîr,
ket dergûşa xwe;
Dengê xwe berde bilûra min,
û jê re bilorîne,
xema wê birevîne!
(...)

E. Gotinên Pêşîyan

Ji dilê xweş re her tim bihar e.
Av di serkanîyê de şêlû dibe.

F. Glossar

A.

zilam *m* Mensch, Mann, Individuum
belê ja; doch, gewiß
vên *f* Wille, Wunsch, Willenskraft
peyda bûn erscheinen, kommen
jihevdeketî verderbt
saz kirin regeln, bauen, bilden, errichten
mirî verstorben
vejandin wiederbeleben, leben lassen
niho jetzt, nun
zindî lebendig, lebend
mexsed *m* Ziel, Zweck, Absicht
bêdiro tatsächlich
jiyînbarî *f* Lebensgeschichte
heyber *f* Wesen, Geschöpf
rihber *m* Lebewesen; lebend, lebendig
zayîn gebären, zur Welt bringen; zur Welt kommen
warkor ohne Erbe; spurlos
kordûnde kinderlos, ohne Nachkommen
kêl *f* Monument, Gedenkstein
kitêb *f* Buch
hin einige, manche, andere, wenige
eser *f* Werk; Spur, Wirkung
hetanî bis
bi xwe selbst, allein
devkî verbal, wörtlich
Ewropa *f* Europa
latînî *f* Latein, lateinisch
rohelat / rojhelat *m* Osten
nîzing / nîzîk nah, in der Nähe
rohelatê nîzing *m* Nahost
ibranî hebräisch
lêbelê jedoch, dennoch, doch, trotzdem
cihi / cihî / cihû *m+f* Jude, Jüdin
samî semitisch
kevnare antik, alt
erebî arabisch
tewrat *f* Thora, Altes Testament
bi tenê allein, nur, einzig
zana *m+f* Gelehrte(r)
kinîşt *f* Synagoge
milî national
xweser eigentümlich, speziell, besonder(er, -e, -es)
ji lewre deswegen, deshalb
Ûris *m+f* Russe, Russin
zor *f* Kraft, Macht, Stärke
Belqan *f* Balkan
bindestî *f* Unterordnung, Herrschaft, Joch
xelas bûn gerettet werden, befreit werden, beendet werden
xelas kirin retten, befreien, beenden
çar *m+f* Zar, Zarin
çûn ser Erfolg haben, gelingen
bendawar bûn sich interessieren
rojname *f* Zeitung
qal kirin über etwas sprechen
herkes jeder, jedermann, alle
Sirbistan *f* Serbien
Birxaristan *f* Bulgarien
nîr / nire *m* Joch
zorker *m+f* Unterdrücker(in)
istiqlal *f* Unabhängigkeit
bûyer *f* Ereignis
miliyet *f* Nationalbewusstsein, Nationalität
hişyar bûn erwachen, wach werden
hikûmet *f* Regierung, Staat

qerar dan entscheiden, beschließen
têk gemeinsam, zusammen
qest kirin sich wenden, sich begeben
mêvanhevîn gastfreundlich
têkil bûn sich (ver-)mischen, sich anschließen
ji alîkî ... ji aliyê din einerseits ... andererseits
pêş ve birin vorantreiben, voranbringen, Fortschritte machen
fikir *f* Idee, Gedanke, Geist
welatî *m+f* Landsmann, Landsmännin
lê rabûn sich empören, revoltieren
heye ko vielleicht, eventuell, möglicherweise
viyan wollen, wünschen
çandin säen, anbauen, anpflanzen
tov *m* Saatgut, Korn
Felestîn *f* Palästina
awa *f* Art, Weise
bi vî awayî so, auf dieser Weise
hîm *m* Basis, Grundlage
xaniman *m* Familie, Haushalt; Residenz
dan pey folgen, verfolgen
vapor *f* Dampfer
pirs *f* Wort; Frage, Problem
pê lê kirin ankommen, erreichen
ji niho û pê de von nun an, künftig, in Zukunft
hewce notwendig, nötig
ji ... pê ve außer
lal stumm, sprachlos
heseb Rechnung
lalî *f* Stummheit
zîvarî *f* Armut, Not
xem *f* Kummer, Leid, Pein, Sorge
fedakarî *f* Opferbereitschaft
bi bîr ... bûn sich einer Sache bewusst werden, bemerken
tisî ohne Zukost, trocken
hesibandin betrachten
dawîyê dann, danach, schließlich
xwendevan *m+f* Leser(in)
ferheng *f* Wörterbuch
bêje *f* Wort
belav bûn sich verbreiten
rex neben, an der Seite
resmî offiziell, amtlich, öffentlich

B.

weşanxane *f* Verlagshaus
yekem erst(-er, -e, -es)
rasterast direkt, geradeaus
Yêrîvan *f* Erivan
tîp *f* Buchstabe
krîl kyrillisch
tîpguhêzî *f* Transkription
digel obwohl, mit, trotz
romannivîs *m+f* Roman-schriftsteller(in)
zêde viel, übermäßig
nas kirin kennen, wissen, erkennen, kennen lernen
derdor *f* Umgebung, Umkreis, um ... herum
leheng *m* Held, Sieger, Protagonist
serek *m* Haupt, Führer
dîrok *f* Geschichte
osmanî osmanisch
veguhiztin transportieren, tragen
di ber re gleichzeitig, dadurch
pêywendi / pêwendî *f* Beziehung, Verhältnis
nirxîn werten, beurteilen

rewa(n) passend, geeignet, adäquat, anständig
delal schön
fahm kirin *f* Auffassung, Betrachtung
wergirtin Annahme, Akzeptanz, Übernahme, Erhalt
form *f* Form
mînak(î) *f* Beispiel
giring interessant, wichtig, ernst, bedeutsam
tevn *f* Handlung; Gewebe, Struktur
tevna romanê *f* Romanhandlung
berhem *f* Produkt, Produktion
nûjen neuzeitlich, modern
balkêş interessant
biserketî erfolgreich, überlegen
geş bûn blühen
cuda kirin trennen, absondern; entfernen
kar anîn benutzen, verwenden
dûr ketin sich entfernen

C.

dims *f* durch Kochen eingedickter honigartiger Sirup meist von Trauben
çê bûn gemacht, hergestellt werden
rîsipî *m* Graubart, Ältester, weißbärtig
dest dan berühren, anfassen
biraza *m+f* Neffe, Nichte
gelo ob, doch, aber, vielleicht
şêl *f* Verhalten, Benehmen, Arroganz
ji xwe razî sicher, anmaßend
apo *m* Onkel
nok *m* Kichererbse
bilind kirin erheben, heben, aufrichten, erhöhen
qureti *f* Stolz
sîng *f* Brust

ji xwe ber selbst, von sich aus, ganz allein

D.

bilûr *f* Flöte
sarî *f* Kälte, Kühle
hingur *f* Dämmerung
destbra *m* enger Freund
dilketî *m+f* Verliebte(r); verliebt
hêstir *f* Träne
xemgîr *m+f* Leidende(r)
veqetîn sich trennen
zarîn weinen, wehklagen
bîr anîn sich erinnern
xemrevîn *m+f* Tröster(in), tröstend
terkeserî *f* Selbstverleugnung, Selbstüberwindung, Entsagung
zozan *f* Sommerweide
kanî *f* Quelle
rîhan *f* Basilikum
şkeft *f* Höhle
sur / sir *f* Kühle, Frische
xerîbî *f* Fremde
gerandin führen, leiten, drehen, rollen
hewa ketin abfliegen
kimt / kimê *f* Pilz
hevalên kimtê bayê wie ein Blatt im Wind
mij *f* Nebel
dûman *f* Dampf, Nebel
kortal *f* Tiefe, Abgrund
bêcanî *f* Leblosigkeit
heft sieben
xemzebaz voll Kummer und Sorgen, gramvoll
nalîn stöhnen, seufzen
deşt *f* Ebene
berî *f* Sehnsucht; Wildnis, Wüste

mêrxas *m* Held; mutig, tapfer
kalîn blöken, meckern
berx *m* Lamm
şehîn / şêyîn wiehern
zarokê berşîr *m* Säugling
lorandin schaukeln; einschläfern, einlullen

E.

tim immer, ständig, jederzeit
bihar *f* Frühling
serkanî *f* Quelle
şêlû trübe, unklar

KAPITEL 10

A. Text

Bedirxanî; mîrên Kurdan, xwedanşan, lê bindest

Mehmed Uzun

Ev fotograf di wan salan de ku êdî gotinên „Ceco, Cecoyê min" li ser lêvan in, tê kişandin. Sal 1895 e, ji deman payiz e. Li hemû Kadiköyê du fotografkêşên hoste hene; Th. Servanis û R. Xendamian. Yê yekemîn cihû, yê duwemîn ermen e. Mîna her tiştê Kadiköyê, fotografkêşî jî di destê endamên miletên têkel de ye. Fotograf û fotografkêşî, hem li Stembol û Kadikoyê hem jî di nav hemû tixûbên dewleta Osmanî de, nav û tiştên nû ne. Nav û tişten nû ku pir bala xelkê, lê bi taybetî jî pir bala giregir, dewlemend û paşayên dewleta Osmanî dikşîne. Berê lewhe û wêne hebûn, niha jî fotograf. Berê wênekêş û resam radihiştin pênûs û firçan û li ser kaxiz û cawan bi rojan, mehan, dixebitîn da ku resimek, wêneyek bînin pê. Lê niha fotografkêş, bi alîkariya makîna xwe, di nav kêliyekê de, xebateke demeke dirêj tîne pê. Meriv, rû, çav, dev, nihêrîn, awir di nav bîskekê de direşin ser kaxizên taybetî yên spî û dibin nemir.

Fotograf nemiriyê direşîne ser kaxizan. Fotograf rehetiyeke nû, bi riyeke pir erzan, dide merivan. Meriv çi jî bike, çiqas hoste bê jî, resim tu carî bi eslê xwe namîne. Hin tişt, hin xêz, hin reng yan kêm in, yan jî zêde. Lê fotograf, ev îmkana nû, ne welê ye; her tişt mîna eslê xwe ye. Fotogrfkêş makîna xwe datîne ser sêpiyê, kêlîkê ji çavika makînê, li kesê ku dixwaze bibe nemir dinihêre, dibêje „diqet" û pê li qumçika makînê dike. Ew kurte-dema ku fotografkêş pê li qumçikê dike, êdî kurte-demek e ku tu carî ji bîr nabe; fotograf hatiye kişandin, kopiyek ji eslê wê hatiye pê û ya girîng, ew kopiye dê her û her bimîne. Ne wext û herikîna wextê ne jî mêjî û kalbûna mêjî êdî dikare wê kurte-demê bide jibîrkirin. Kopiya ku eynî mîna eslê xwe ye, dê li ser dîwaran, di nav bêrîkan de, di nav kaxiz, defter û kitêban de bên parastin. Meriv dê car bi car, dem bi dem, li wan binihêre û kesê li ser fotografê bi bîr bîne. Ew kes êdî ne winda ye, bêdeng û bêziman be jî, ew her û her heye.

„Fotograf û fotografkêşî şoreşeke yekta ye." R. Xendamian, fotografkêşê yekta yê Kadiköyê li ser qerteke danasînê ya hunera xwe, bi fransizî, weha nivisiye: şoreş... Ew, ne neheq e. Hem wî hem jî fotografkêşê din ê Kadiköyê Servanis xwendina xwe li Fransê, Parisê kirine. Haya herduyan jî ji guherînên cîhanê, dîtinên nû yên civakî û pêşketinên teknîkî heye. Herdu jî baş pê dizanin ku dinya ketiye nav heyameke nû ya guherînên welê ku her yek bi serê xwe şoreşeke mezin e. R. Xendamian li Parîsê hîn bûye ku fotograf di warê pêşketina merivahî û teknîkê de şoreşeke mezin e. Şoreşeke mezin li hember wext, herikîna wextê, dewr û tarîxê... Fotografek ku îro tê kişandin,

sibê û dusibê jî diminê. Fotografek ku li vir tê kişandin, li her aliyê dinê nemiriya xwe diparêze û didomîne. Ji ber vê yekê ye ku R. Xendamian, li ser eynî qerta danasînê, weha didomîne; „ev şoreşa mezin a pêşketinê ku sala 1839-an keşif bû, niha hatiye nik me Stembol û Kadiköyê. Eger hûn dixwazin, ev şoreşa li ser zimanan alîkarî li we û nasên we bike, kerem bikin... fotograf wê we bike nemir..."
Stembolî, bi taybetî jî Kadikoyî hê nû bîr bi nemiriyê û hunera fotografê dibin. Ew yek bi yek, rêz bi rêz derin atolyên Servanis û R. Xendamian û xwe dikin nemir. Ew fotografên xwe nîşanî hev didin, wan mîna kitêbeke muqedes di paşilên xwe de vedişêrin û bi serbilindî, car bi car, li kopiya xwe dinihêrin. Şoreşa nû xwe gîhandiye Stembolê û pêl bi pêl fireh dibe. Meriv bi hêsanî dikare bibêje ku eger di destpêka salên 1890-an de, li hemû Kadiköyê, du kesên ku şixulê wan herî baş be hene, ew jî Thedore Servanis û Rafael Xendamian in. Belê, pêşnavê wan Thedore û Rafael e. Lê belê tu kes wan bi pêşnavê wan bi nav nake, ew monsiuer Servanis û Xendamian in. Atolyên wan hertim tijî ne. Paşa, zabit, dewlemend, nivîskar, rojnamevan, beg, jin, zarok, pîr û kal hemû tên, xwe didin hev, li hember makîna reş a ecêb rûdinin, li qulika biçûk dinihêrin û tiştekî pir nû û xweş li jiyana xwe zêde dikin; fotograf.
Monsiuer Servanis û Xendamian hem hevalên hev in hem jî raqibên hev. Bala van pir li ser xweşî, zelalî û dewlemendiya fotografan e. Kî di van waran de bi ser keve, ew, bêşik dibe hoste û yekta. Li gora gotinan û xweşî û mezinahiya atolyê û neqşên qertên fotografan, meriv dikare bibêje ku R. Xendamian hîn bêtir biserketî ye. Li pişta qertên herduyan jî hin neqş û wêne hene. Li pişta qertên Servanis, stêrkeke şeşkoşe heye. Stêrk li herî jor e. Tîrêjên stêrkê bi xetên xuya ber bi jêr dibin. Tîrêjên ku ji zikê stêrkê derdikevin, her ku dere ji hev vediqetin û navbera wan fireh dibe. Ji nav tîrêjan nivîsarek bi tîpên erebî derdikeve. Li vir bi tîpên erebî weha hatiye nivisîn; Fotografhane-i T. Servanis – Kadikoy. Di binê vê nivîsarê de, îcar ji jêr ber bi jor, bi tîpên latînî weha hatiye nivisîn; Th. Servanis, Photografhe – Cadi-Keuy. Herçî qertên Xendamian in, li pişta wan, berî her tiştî, du zarok dixuyin. Zarok li hember hev in. Umrê wan, mina Celadet, lawê Emin Beg, ne zêdeyî du salan e. Yek ji wan tazî, yê din bi pêşgîrekî xwe dipêçe. Li ber zarokê tazi makîneyeke fotografê, li ser sêpiyê, heye. Destên zarok li ser sêpiyê, çavê wî li ser qulika makînê ye. Ew haziriya kişandina fotografê dike. Li hember wî jî, zarok din, bi rûkenî, li kamerayê dinihêre. Kêfa vî zarokê pir li cîh e, wî pişta xwe daye stûneka xweş a kevnar, bi destan herdu milên pêşgîrê girtiye, piyên xwe di ser hev re birine û bi ken li hember dinihêrê; sûretê wî dê, niha, li ser kaxizan derkeve, ew ê, di nav kêlîkê de bibe nemir. Ev herdu zarok, bi hev re, wê kurte-dema ku şoreşa nû dike nemir, dijîn. Doraliyê zarokan jî bi pel û gulan rapêçayî ye. Li ser serê zarokan jî, bi tîpên erebi yên mezin, Fotografhane-i R. Xendamian – Kadiköy hatiye nivisîn. İcar li ber lingên zarokan jî, bi tipên mezin û

neqişkirî yên latînî û bi fransizî Photographie, Raphael Khendamian – Cadi-Keuy hatiye nivisîn.
Ji van neqş û nivîsaran jî baş dixuye ku R. Xendamian hîn bêtir hosteyê karê xwe ye. Motivên zarokan kêf û rehetiyekê didin, nivîsar xweş xuyane û neqişkirî ne, doralî ji bîr nebûye û lihevhatî ye. Di ser de jî R. Xendamian fotografên ku reş û spî ne, bi pênûsine taybetî xweş reng dike. Pêwendiya R. Xendamian û romana Bîra Qederê li vir dest pê dike. R. Xendamian hem fotografkêşekî hoste ye, hem jî ew dostê malbata Bedirxaniyan e. Ji mêj ve ye ku pêwendiya Bedirxaniyan bi ermenan re xurt e. Bedirxanî ermanan mîna cîran û pismamên xwe dibînin. Li hember ermanan, ew xwediyê germahiyeke boş in. Kadiköy, warê miletên têkel, niha bûye stariya kurdan û ermenan jî. Li wir bi qasî kurdan, ermen jî hene.
Mala R. Xendamian nêzîkê qonaxa malê Celadet Alî Şamîl Paşa ye. Ew qata yekemîn wekî atolye û herdu qatên din ên xênî jî wekî mal bi kar tîne. Fotografa duwemîn a roman Bîra Qederê ji destê R. Xendamian derketiye. Wî ew kişandîye. Fikra kişandina vê fotografê jî dîsan, ya wî ye. Mîr Bedirxan ku binemala Bedirxaniyan navê xwe jê digirin, hem li Stembolê, hem jî di nav tixûbên fireh ên dewleta Osmanî de navdar e. Ew bi gotin, jiyan, kirin, serpêhatî û serhildana xwe tê nasîn. Li ser wî çîrok hatine gotin, stran çêbûne, pesn lêbûne. Difn û bîfila wî, enî û porê wî, dev û lêvên wî, poz û çengê wî, çav û birûyên wî, bal û bejna wî bûne rêzikên gewher ên dengbêj û çîrokbêjan. Lê belê ne resim û wêneyek ne jî lewhe û bergehek jê maye. Kesî bîr nebiriye û lewheyeke wî çênekiriye. Kesî di salên 1850 û 60-an de fotografeke wî nekîşandiye. Ew bi tenê bûye lehengekî navdar ê serpêhatî û destanan… Ji herkesî bêtir jî R. Xendamian, ji ber karê xwe, bîr bi vê kêmaniyê dibe û li ber vê kêmaniyê dikeve. Loma, ew car bi car ji law û keçên Mîr Bedirxan re, behsa vê kêmaniyê dike. Loma jî law û keçên Mîr Bedirxan, hema çi bigire her roj, derin nik cîranê xwe R. Xendamian û kêmaniya ku li pey bavê wan maye, bi sûretên xwe dadigirin. Li pey bavê wan tu sûret û wêne neman, lê qet nebe, bila ew bê sûret û wêne nerin…
Fotografa duwemîn a romana Bîra Qederê yek ji wan fotografan e ku hingê, li ba R. Xendamian tê kişandin. Li ser fotografê du kes, jinek û mêrek, hene; Emîn Alî Bedirxan û jina wî Samîha Xanim. Yanê bav û diya Celadet. Di wê kurte-dema ku ev fotograf tê kişandin de, gelo Emîn Beg û Samîha çi difikirin, çi dijîn, çi hîs dikin, çi dibêjin? Bêguman e ku tu gotin, bi çi awayî dibe bila bibe, nikare wê kurte-demê ji nû ve vejîne. Rû û sûret, bi alîkariya kamera fotografê, ji nû ve, eynî mîna eslê xwe, tê vejandin. Lê ne hîs û jiyana ku mîna lehiyekê diherike… Digel vê hindê, fotografên bêzar û bêziman dikarin alîkarî li taswîr û salixdana hîs û jiynê jî bikin. Di fotografa Emîn Beg û Samîha Xanimê de tiştê ku berî her tiştî bala merivan dikişîne, çavên wan in; du cot çavên reş, mezin, germ ku dikenin. Meriv li ser rûye wan ken nabîne, rû bi qasî xwe cîddî ne. Lê çavên germ dikenin. Keneke kîbar, ne boq, lê bi pîvan. Meriv dikare ji vê kenê derxe ku

hem Emîn Beg hem ji jina wî ziravbihîstiyar û diltenik in. Ew bi xwe bawer û têgihîştî ne. Ew ji jiyanê hez dikin, lê bîr bi zehmetiyên wê jî dibin.
Di wênê de tiştê duwemîn ku hema bala merivan dikişîne, destên wan in. Herduyan jî destên xwe, bi awayekî serbest, danîne ser çogên xwe. Ew li ser du kursiyan rûniştine. Pişta wan rast, sîng û rûyê wan li pêş e. Emin Beg serê xwe jî hinekî hildaye. Di destê rastê ye Emîn Beg de tomareke kaxiz heye. Wî herdu destên xwe jî kirine mîna gurmist û ew anîne ser herdu çogên xwe. Samîha Xanimê jî kêm, zêde, bi vî awayî, destên xwe danîne ser cogên we. Di destên Samîha Xanimê de cotek lepikên reş hene û di destê wê yê çepê de jî desmaleke spî heye. Meriv dikare bibeje ku tiştê spî yê hemû fotografê, ev destmal e. Ji awayê rûniştin û danîna destan, meriv têdigihê ku Emîn Beg û jina wî hînî fotografkêşanê nebûne. Bi gotina R. Xendemian, ew hê baş nebûne fotojenîk. Lê belê, ev awayê rûniştinê, di eynî wextê de nîşan dide ku hurmet û giramî, rêz û rêzdarî, ji bo wan, qayidyên esasî yên jiyanê ne. Li Stembolê, di nav Osmanî û girgirên wan de adet e, gava meriv bixwaze bi hurmet û rêzdarî rûne û yekê nîşan bide, hingê meriv destên xwe, bi ûsil, datîne ser çogên xwe û rûdine. Ji wênê jî baş dixuye, Emîn Begê ku bi terbiya rêz û rêzdarî, qedr û qimet rabûye, bi hurmet jî dijî.
Cil û bergên herduyan jî reş in. Li ser Emîn Beg taximeke kincên reş hene. Qumçîkên çakêtê wî heta berstû girtî ne. Li berstû qirawatek dixuye. Kincên ku Emîn Beg li xwe kirine, ne ew kinc in ku herkes dikare li xwe bike. Ew buha ne û bi tenê kesên ku hal û wextên wan di cîh de ne û pêwendiya wan û saraya Osmanî heye dikarin li xwe bikin. Çaxa R. Xendamian, fotografkêşê bîrbir, dibêje „ji kincan meriv dikare derxe ka ew kes ji kîjan aliyê civata rengîn a Osmanî ye“, ew ne neheqe. Kinc, nîşana çîn, kom û gelên civata Osmanî ne. Li ser serê Emîn Beg jî kumekî sor ku Osmanî jê re dibêjin fes heye. Ev fes jî baş li kincan hatiye û hîn xweştir nîşan dide ka Emîn Beg kî ye.
Cil û bergên Samîha Xanimê jî, ji serî heta lingan, reş in. Fîstanekî dirêj û reş ku heta lingan tê, lê ye. Jorê fistan bi sermaleke dirêj ê reş ve hatiye pêçandin. Sermal ji serî heta ber çogan tê û hemû stû, mil û pî vedigire. Di binê sermalê de jî, dîsan reş, dolbendek heye ku ser û porê Samîha Xanimê baş radipêçe. Lepikên reş, reşahiya wênê temam dike. Meriv ji reşahî û pêçandinê fahm dike ku Samîha Xanim dilpak, hezkira mala xwe, sade û dîndar e. Di nav sermal û dolbendê re, tayeke porê wê yan jî ya cênîkê wê naxuyê. Bi tenê rûyê wê yê gulover, mîna heyveronê, dibiriqe. Çavên wê yên reş, di bin bijangan re, li hember dinihêrin û bi germahiyeke xweş dikenin. Gumên wê mezin û gulover in. Pozê wê, li gora pozê Bedirxaniyan, pahntir e. Devê wê fireh, lê lêv girtî ne. Lêv, ne lêvên kesê ku pir dipeyive, ne. Samîha Xanim li kêleka mêrê xwe, bi giramî, bêdeng, çavbiken, porgirtî, rûvekirî, rûniştiye. Samîha Xanim, alîgir û piştgira Emîn Beg, dilsoza mala Bedirxaniyan, bi aramî û bawerî, li kamerayê dinihêre.
Herçî Emîn Beg e, ew jî, bi bawerî û çavkenî, li kamerayê dinihêre. Lê di nêrîna wî de tiştekî zêde heye; maxrûrî û asalet. Wî serê xwe hinekî ber bi jor kiriye û li makîna

fotografê dinihêre. Ew ji jor ve li hember xwe dinihêre. Wî di wê kurte-dema kişandina fotografê de jî ji bîr nekiriye ku ew, lawê Mîr Bedirxan e, lawê serokê mîrekiya Cizîra Botan û rêberê welatê Kurdistanê ye. Ji nêrîna wî dixuye ku ew xwediyê berpirsiyariyên mezin û zehmet e. Nerîna wî, nerîna serok û rêberan e. Kaxizên di destan de jî nîşan dide ku ew merivê heyama xwe ye, ne paşdemayî, lê pêşketî ye. Ew bîr bi guherînên mezin ên civakî yên cîhanê dibe û bala wî li ser şoreşên teknîkî ye. Heye ku loma ew di vê fotografa duwemîn a romana Bîra Qederê de dibe pardarê şoreşa ku R. Xendamian di qertên xwe de behs dike. Di welatê Osmaniyan de zû bi zû meriv rastî kesan nayê ku di destê wan da kaxiz hene. Bi tenê komeke biçûk a civata Osmanî bi karên kaxiz, xwendin û nivisînê rabûne. Ronkbîrî, lebatên çandî, edebî, hunerî û felsefî, bi tenê karê komekê ye. Komek ku di bin tesîra pêşketinên Awrûpayê de maye û bi Awrûpê re di nav pêwendiyeke xurt de ye. Kaxizên ku di destê Emîn Begê de ne, nîşan didin ku Emîn Beg jî mensûbê koma bijarte ye. (...)

B. Nûçe

Li Rûsya Federal zarokên kurd ên êzîdî fêrî zimanê kurdî dibin

TÎBLÎS. Li bajarê Novosîbîrskê (Rûsya) di dibistana № 77 de, komên destpêkê yê taybet ji bo zarokên kurdan (piraniya wan êzîdî ne) hatine vekirin. Serokbajarê Novosîbîrskê Vladîmîr Gorodêtskî ew biryar îmze kiriye.

Nêzîkî çarêkekê ji qutabiyên dibistana № 77 zarokên kurdên êzîdî ne. Dayik û bavên zarokan bi piştgirîya rêxistineke neteweyî-rewşenbîrî û komelayetî „Şems“ pêşniyara xwe sipartibû seroketîya bajarê Novosîbîrskê, da ku zarokên êzîdî bikarin fêrî zimanê dayikê (kurdî) bibin. Daxwaza wan hate pejirandin. Niha êdî komeke taybet hatiye damezirandin. Gorî vê projeyê, her komeke weha ji 12 zarokan pêk tê.

Çawa tê zanîn, piştî hileweşandina Yekîtiya Sovyêtê piraniya kurdên êzîdî, yên ku li Ermenistan û Gurcistanê diman, ji ber rewşa xwe ya aborî û siyasî, cihên xwe hîştin û derbasî Rûsya û dewletên Ewropaya Rojava bûn. Parek ji wan êzîdiyan li bajarê Novosîbîrskê bi cî û war bûye.

C. Pêkenok

Navê cehş bi Tirkî çi ye?

Xortekî gundî diçe eskerîyê. Dema ku eskerîya xwe diqedîne û vedigere malê, gundî diçin serdana wî. Civat gewz dibe û suhbet geş dibe. Gundi pirsa eskerîyê û cîyên ku dîtine jê dikin. Ew jî bi kêf û zewq ji wan ra qal dike. Gundîyek jî vê pirsa ha jê dike:

- Gelo tu li eskerîyê zimanê Tirkî fêr bûyî, yan na?

Kurik xwe qure dike û dibêje:

- Belê, ez fêr bûme.
Mêrik dîsa dipirse:
Bi Tirkî ji kerê ra dibêjin çi?
- Dibêjin eşek.
- Lê ji cehşê kerê ra dibêjin çi?

Kurik tê da dimîne. Qasek dide hişê xwe, lê tewş e. Navê cehşê kerê bi Tirkî nizane. Dinêre ku dê şermî bibe. Jibo ku xwe ji şermê derxe weha dibêje:

- Bi Tirkî ji cehşê kerê ra tiştek nabêjin heta ku mezin dibe. Dema ku mezin dibe ji wî ra jî dibêjin eşek!

D. Helbest

Gula Rojhilat im

Cigerxwîn

Gula baxê bihişta rojhilatim.
Di tarîka şevê rojim hilatim.
Ji nav sînga demê pijkîme îro,
Di tarîxê fireh hatim, Feratim.
Hemî jînim, dixwazim xweş vejînim,
Hezar û nehsedî şîn bûme katim.
Bruskim, pir çirûsk û hewr û tavan
Bi himhim têm, ji ezmanê welatim,
Lehîme ez di ser hev re diborim.
Dixwazim nû bikim rêz û civatim.
Birusk û pêt û ar û kevne sojim,
Ji pût û lat û lahût re şewatim.
Disojim lê dikim ronî şeva reş
Çira kora ye ev kar û xebatin,
Di vê rê de ez diçim lê seg diqorin.
Fidakarim, li ser rêça felatim.
Dixwazim ez di ser hev re bifûrim,
Xebatim, şoreşim, xweş kêferatim.
Cihan tev de wekî pingav û derya
Tenê jê re wekî cok û qenatim.
Bi daxwazim ko serbestî dixwazim serbilindî.
Ji milet re di vê şabatê hatim.

E. Gotinên Pêşîyan

Dest destê dişo, dest jî rûyan dişo.

Dînekî kevirek avêtiye bîrekê, çil biaqil nikarin derxînin.

F. Glossar

A.

Bedirxanî mächtige kurdische Adelsfamilie im 18. u. 19. Jh.
xwedanşan ruhmreich
bindest *m+f* Vasall(in); kolonialisiert
fotograf *m* Bild, Foto
fotografkêş *m+f* Photograph(in)
hoste *m* Meister, Experte, handwerklich geschickt, kunstfertig
yekemîn erst(-er, -e, -es)
duwemîn zweit(-er, -e, -es)
fotografkêşî *f* Lichtbildkunst
têkel gemischt, vermischt
tixûb *m* Grenze
giregir wichtig, mächtig
paşa *m* Pascha, General
lewhe *f* Gemälde, Bild
wênekêş *m+f* Zeichner(in)
resam *m+f* Maler(in)
resim *f* Bild
pênûs *f* Bleistift, Schreibfeder, Kugelschreiber
firçe *f* Pinsel, Bürste
caw *m* Baumwolltuch
makîne *f* Maschine, Apparat
kêlî *f* Sekunde
bîsk *m* Moment, Augenblick
reşandin verstreuen, verspritzen
nemir unsterblich
erzan billig, günstig
xêz *f* Linie, Strich
sêpî *m* Stativ, Dreifuß
diqet Achtung! Vorsicht!
pê kirin anzünden, entzünden, einschalten
qumçîk *f* Knopf
kurtedem *f* Moment, Augenblick
her û her ständig, andauernd, immer, stets
mêjî *f* Gehirn
kalbûn altern
eynî genau; sicher
dîwar *m* Wand, Mauer
bêrîk *f* Brusttasche
defter *f* Heft
car bi car manchmal
dem bi dem von Zeit zu Zeit
şoreş *f* Revolution
yekta einzigartig, unvergleichlich
qertê danasîn *m* Visitenkarte, Flyer
neheq unrecht, ungerecht
hem ... hem (jî) sowohl ... als auch
hay *f* Bewusstsein, Ahnung, Nachricht
haya hebûn merken, ahnen, wissen
guherîn *f* Veränderung, Wechsel
dîtin *f* Ansicht, Meinung, Blick, Betrachten
teknîkî technisch
heyam *m* Epoche, Zeitalter, Dauer
merivahî *f* Menschheit
wext *m* Zeit, Zeitabschnitt
dewr *f* Phase, Periode, Etappe
tarîx *f* Geschichte
dusibê übermorgen
nemirî *f* Unsterblichkeit
bîr birin sich bewusst sein, beachten
keşif *f* Entdeckung, Enthüllung
kerem kirin bitten
hê erst, noch, immer
atolye *f* Studio, Werkstatt
muqedes heilig
kopî *f* Kopie

şixul *f* Arbeit, Beschäftigung
pêşnav *m* Vorname
hertim immer, ständig
zabit *m* Offizier, Kommandant
rojnamevan *m+f* Journalist(in)
beg *m* (*Titel*) Herr, Bei
ecêb seltsam, wunderlich, merkwürdig
qulîk *f* Loch, Öffnung
raqib *m+f* Konkurrent(in), Gegner(in)
zelal klar, rein
bêşik zweifellos, sicherlich
biserketî erfolgreich, überlegen
mezinahî *f* Größe, Erhabenheit
neqiş *f* Zeichnung, Bild, Abbildung
koşe *f* Ecke, Winkel
xet *f* Linie, Strich
nivîsar *f* Text, Manuskript
fotografhane *f* Photogeschäft, Photoatelier
îcar dieses Mal, dann
xuya bûn / xuyîn erscheinen, sichtbar werden, zum Vorschein kommen
tazî nackt, unbekleidet
pêşgîr *f* Lendentuch, Badeschurz
peçîn einwickeln, umwickeln, verpacken
hazirî *f* Vorbereitung
stûn *f* Säule
doralî *m* Umgebung, Umgegend
rapêçandin einkreisen, umgeben, umbinden
motiv *f* künstlerisches Motiv, Muster
rehetî *f* Ruhe, Entspannung, Bequemlichkeit
lihevhatî vollkommen, einwandfrei, perfekt
malbat *f* Familie
ji mêj ve lange her, lange
pismam *m* Vetter, Cousin
boş reichlich, zahlreich
starî *f* Zufluchtsort
bi qasî eben soviel, so, soviel
qonax *f* Palast, Konak
qat *f* Stockwerk
binemal *f* Familie
navdar bekannt, berühmt
serpêhatî *f* Ereignis, Vorfall, Geschehnis
serhildan *f* Wiederstand, Aufstand
çîrok *f* Erzählung, Märchen
pesn *m* Lob
bîfil *f* Nase
enî *f* Stirn
por *f* Haar
poz *m* Pose, Haltung; Nase
birû *m* Augenbraue
bal *m* Arm, Flügel
bejn *f* Statur, Figur, Körper, Aussehen
gewher *m* wertvoll; Wesen, Wesentliches, Substanz
çîrokbêj *m+f* Geschichtenerzähler(in)
bergeh *f* Ansicht, Aussicht, Panorama
destan *f* Erzählung, Heldenepos
hema çi bigire fast, beinahe
hîs / hes kirin fühlen, empfinden
bêguman ohne Zweifel, zweifellos
hîs / hes *f* Gefühl, Empfindung
lehî *f* Flut, Strom, wildströmendes Wasser
digel vê hindê doch, jedoch, nichtsdestoweniger, trotzdem
bêzar gelangweilt, verdrießlich, überdrüssig
bêziman stumm, sprachlos
taswîr *f* Beschreibung, Schilderung
salixdan *f* Erklärung, Beschreibung

cot *m* Paar
cîddî ernst
kîbar vornehm
pîvan (ab-, aus-)gemessen, vermessen
ziravbihîstiyar feinfühlig
diltenik empfindsam, sanft
bi xwe bawer selbst sicher
têgihîştî intelligent, klug
zehmetî *f* Schwierigkeit, Anstrengung
serbest frei, ungebunden
çog *f* Knie
kursî *f* Stuhl, Sessel
tomar *f* Rolle, Bündel
gurmist / gurmik *f* Faust
lepik *m* Handschuhe
têgihandin verstehen, begreifen
fotojenîk photogen
hurmet *f* Respekt, Würde
giramî *f* Achtung
rêzdarî *f* Respekt
esas wesentlich, eigentlich, hauptsächlich
ûsil *f* Regel, Prinzip
qedir *f* Respekt, Bedeutung, Würde
qimet *f* Wert
cil *m* Kleidung, Kostüm
berg *f* Kleid, Kostüm
taxim *m* Gruppe zusammengehöriger Dinge
taximek kinc *f* Anzug
çakêt *m* Jacke
berstû *m* Hemdkragen
girtî geschlossen
qirawat *f* Krawatte
buha teuer, lieb
hal û wext *m* finanzielle Lage
saray *f* Palast, Schloss
çax *f* Zeit, Moment, Periode
bîrbir bewußt, hellwach
nîşan *f* Zeichen
çîn *f* Klasse, Schicht
kom *f* Gruppe
kum *f* Mütze, Hut
fes *f* Fez, Fes
lê hatin passen, angemessen sein, gut aussehen
fîstan *f* Kleid, langes Frauenoberkleid
sermal *m* Schal
pî *m* Schulter
dolbend *f* Turbantuch, Kopftuch
reşahî *f* Dunkelsein
temam kirin ergänzen, vervollständigen
dilpak treuherzig, ehrlich
sade einfach, unauffällig
tay(k) *m* Ast, Zweig
tayeke por *m* einzelnes Haar
cênîk *f* Schläfe
gulover rund
heyveron *f* Mondlicht, Mondschein
biriqîn strahlen, glänzen, leuchten
bijang *m* Wimper
gum *f* Backe, Wange
pahn breit, weit
alîgir *m+f* Unterstützer(in)
piştgir *m+f* Helfer(in)
aramî *f* Ruhe, Stille
bawer *f* Überzeugung, Glauben, Religion
maxrûrî *f* Hochmut, Selbst-zufriedenheit, Stolz
asalet *f* edle Ausdrucksweise
mîrekî *f* Fürstentum
rêber *m+f* Führer(in), Leiter(in)
berpirsiyarî *f* Verantwortung
paşdemayî rückständig

pêşketî fortschrittlich
pardar *m+f* Teilhaber(in), Partner(in)
zû bi zû schnell, eilig, geschwind
ronkbîrî *f* Bildung, Ausbildung
lebat *m* Mitglied, Betätigung
edebî literarisch
hunerî künstlerisch
felsefî philosophisch
mensûb zu-, angehörig, (an-)gehörend
bijarte ausgewählt, ausgesucht, edel

B.

Rûsya *f* Russland
federal bundesstaatlich, föderativ
êzîdî *m+f* Jeside, Jesidin
piranî *f* Mehrheit, Mehrzahl
serokbajar *m+f* Bürgermeister(in)
biryar *f* Entscheidung, Beschluss
îmze kirin unterschreiben
çarêk *f* Viertel
qutabî *m+f* Schüler(in), Student(in)
neteweyî national
rewşenbîrî intellektuell
komelayetî sozial, gesellschaftlich
pêşniyar *f* Vorschlag, Empfehlung
sipartin übergeben, überreichen, anvertrauen
seroketî *f* Präsidium, Führung
pejirandin akzeptieren, annehmen, zustimmen
damezirandin einrichten, begründen
proje *f* Projekt
hileweşandin *f* Zusammenbruch, Sturz
Ermenistan *f* Armenien
Gurcistan *f* Georgien
rewş *f* Situation, Lage
aborî wirtschaftlich
siyasî politisch
derbas bûn einreisen, überqueren, durchgehen
rojava *f* Westen
par *f* Teil, Stück
war bûn sich niederlassen, ansässig werden

C.

cehş *m* Eselsfüllen
eskerî *f* Militärdienst
serdan *f* Besuch
gewz bûn sich freuen
suhbet *f* Gespräch, Unterhaltung
geş fröhlich, heiter, munter
zewq *f* Vergnügen, Genuss
xwe qure kirin hochmutig, eingebildet werden
eşek Esel (*türkisch*)
qas *f* Menge, ebensoviel
tewş nutzlos
şermî *f* Peinlichkeit, Unannehmlichkeit

D.

bihişt *f* Paradies
tarîk *f* Dunkelheit, Finsternis
hilatin aufgehen, sich heben, zur Welt kommen
pijkîn springen
îro heute
Ferat *f* Euphrat
şîn bûn wachsen, sprießen
kat *f* Zeit
brusk *f* Blitzstrahl
çirûsk *f* Funke
hewr *m* Wolke
tav *f* Licht, Hitze; Kraft
tavan *f* Geschrei

himhim *f* Gurren
di ser hev re aufeinander, nacheinander
pêt *f* Flamme
ar *m* Feuer
sotin verbrennen, brennen
pût *f* Götzenbild
lahût *f* Göttlichkeit, Gottheit
çira *f* Lampe
kor *m+f* Blinde(r); blind
qorin schreien (*Tier*), brüllen
fidakar opferbereit, treu
rêç *f* Spur, Fußstapfen
felat *f* Befreiung, Rettung
fûrîn sieden, kochen
kêferat *f* Buße, Sühne(-gabe), Preis
tev de zusammen, miteinander
pingav Teich, Wasseransammlung, Lache
cok *m* Bewässerungsgraben, Wasserlauf
qenal *f* (Wasser-)Kanal, Wasserstraße
serbestî *f* Freiheit, Unabhängigkeit
şabaş *f* Gabe, Geschenk, Schenkung

E.

şuştin waschen, reinigen
çil vierzig
biaqil klug, vernünftig

Wörterverzeichnis

A

aborî wirtschaftlich
aciz bûn erschöpft, müde sein
aciz kirin stören
adet *f* Brauch, Gewohnheit
agehdarî *f* Information
agir *m* Feuer
ajoten fahren, führen, auf etwas zusteuern, gegen jemanden vorgehen
alfabe *f* Alphabet
alim *m* Gelehrter
alî *m* Seite, Richtung
alîgir *m+f* Unterstützer(in)
alîkarî *f* Hilfe
alîkarî kirin helfen
amade bereit
amade kirin vorbereiten
an ... an entweder ... oder
ango also, nämlich, darum
anîn herbringen, holen
apo *m* Onkel
aqil *m* Verstand
ar[1] *m* Feuer
ar[2] *f* Asche
aramî *f* Ruhe, Stille
asalet *f* edle Ausdrucksweise
asteng *m* Hindernis
aş[1] *m* Mühle
aş[2] *m* gekochte Speise
aşkere offen, deutlich, sichtbar
aşxane *f* Restaurant, Küche
atolye *f* Studio, Werkstatt
av *f* Wasser
av bi ser dev xistin jemandem das Wasser im Munde zusammenlaufen lassen
ava bûn blühen, gedeihen
ava kirin bauen, errichten
avêtin werfen, wegwerfen, schmeißen
awa *f* Art, Weise
awaz *f* Melodie, Stimme
awir *f* strenger Blick; Rückblick, Beobachtung, Hinsicht
ax *f* Erde, Boden
axa *m* Agha, Herr
axaftin *f* Rede, Gespräch, Wort; sprechen, reden
axaftin kirin eine Rede (Ansprache) halten
axret *f* Jenseits
ayet *f* Koranvers
azadî *f* Freiheit, Unabhängigkeit

B

ba[1] bei, zu, nach
ba[2] *m* Wind, Luft
babet *m* Gegenstand, Sorte, Kategorie, Bereich
badilhewa ganz umsonst
bajar *m* Stadt
bakûr *m* Norden
bal[1] *m* Arm, Flügel
bal[2] *f* Aufmerksamkeit, Interesse, Verstand, Geist
bal kişandin interessieren
bala xwe dan Acht geben, beobachten, verfolgen
balkêş interessant
bang kirin rufen
banî kirin einladen, rufen
bar *m* Last

bar kirin umherziehen, einen Platz verlassen, fortfahren
baran *f* Regen
baş gut, schön, heil
bav *m* Vater
bav û kal *pl.* Vorfahr
bawer *f* Überzeugung, Glauben, Religion
bawer kirin glauben
bawerî pê anîn glauben
bax *m* Garten
baxçe *m* Garten
bazar *f* Markt, Geschäft, Handel
bazar kirin feilschen
bazdan fliehen, springen, laufen
beden *m* Körper, Gestalt
beg *m* Stammeshäuptling, Prinz, Fürst
begzade *m* Mitglied aristokratischer Familie
Behra Sipî *f* Mittelmeer
behs kirin erzählen, berichten, darlegen
bej *f* Erde, Land
bejî trocken
bejn *f* Statur, Figur, Körper, Aussehen
bejndirêj groß(-gewachsen)
bela *f* Unannehmlichkeit, Übel, Unglück
bela ser Plage, Verdruss, Quelle dauernden Ärgernisses
belav bûn sich verbreiten
belav kirin verteilen, veröffentlichen
belengaz arm, bedürftig
belê ja, gewiss; aber; doch
Belqan *f* Balkan
bendawar bûn sich interessieren
ber *f* Vorderseite, Richtung; vor, bevor, vorher
ber bi gegen, in Richtung auf, zu, entgegen
ber bi hev çun passen, entsprechen
berbang *f* Morgendämmerung
berçavik *m* Brille
berdan lassen, loslassen, verlassen, freilassen
berdayî herrenlos, frei umherlaufend
berdestî *m+f* Diener(in)
berdewam kirin fortsetzen
bere bere allmählich, nach und nach
berê vorher, früher, damals
berê xwe dan sich richten, sich wenden, sich begeben
berg *f* Kleid, Kostüm
bergeh *f* Ansicht, Aussicht, Panorama
berhem *f* Produkt, Produktion
beriya ko / berî ko bevor; zuerst, vorher
berî[1] bevor, vor
berî[2] *f* Sehnsucht
berî[3] *f* Wildnis, Wüste
beroş *f* Kochtopf
berpirsiyar verantwortlich
berpirsiyarî *f* Verantwortung
bersîv *f* Antwort
berstû *m* Hemdkragen
berx *m* Lamm
bes genug
beşdar bûn teilnehmen, anwesend sein
beşdarî *f* Teilnahme
betilî müde
Bexda *f* Bagdad
bext *m* Anteil, Erbarmen, Glück, Schicksal
bextyar / bextiyar glücklich, froh
bezîn rennen, laufen
bê ohne

bêbext unglücklich, verräterisch
bêbextî *f* Treulosigkeit
bêcanî *f* Leblosigkeit
bêdiro tatsächlich
bêguman ohne Zweifel, zweifellos
bêhiş ketin die Besinnung verlieren
bêhn / bîhn *f* Geruch, Atem
bêhn jê hatin gut riechen, duften; stinken
bê(y)î ohne, außer
bêje *f* Wort
bêkes einsam
bêkes û bêkû einsam, verwaist
bêmirês hoffnungslos
bêrîk *f* Brusttasche, Tasche
bêşik zweifellos, sicherlich
bêzar gelangweilt, verdrießlich, überdrüssig
bêziman stumm, sprachlos
bi bîr ... bûn sich einer Sache bewusst werden, bemerken
bi carek plötzlich, mit einem Mal
bi carekê de auf einmal
bi derbekê schlagartig, plötzlich, auf einmal
bi dest xistin erhalten, bekommen
bi hev ketin sich auseinandersetzen
bi hev re gemeinsam, zusammen, miteinander
(bi) hêrs ketin wütend werden
bi kêmasî mindestens
bi nav û deng berühmt
bi qasî eben soviel, so, soviel
bi rastî tatsächlich, wirklich, wahrlich
bi rê ketin sich auf den Weg machen
bi ser de çûn angreifen
bi ser de hatin zustoßen, passieren
bi tenê allein, nur, einzig
bi vî awayî so, auf dieser Weise
bi xêr hatin willkommen
bi xwe selbst, allein
bi xwe bawer selbstsicher
bi xwedê bei Gott
biaqil klug, vernünftig
biçûk klein, jünger
biha *m* Preis
bihar *f* Frühling
bihişt *f* Paradies
bihîstin hören
bihn *f* Duft, Hauch, Parfüm, Geruch
bihn kirin riechen
bihnijîn / bênijîn niesen
bihntengî *f* Beunruhigung, Qual, Besorgnis
bijang *m* Wimper
bijarte ausgewählt, ausgesucht, edel
bikaranîn *f* Verwendung, Gebrauch; verwenden, benutzen, gebrauchen
bilind hoch, hochgewachsen
bilind kirin erheben, aufrichten, heben, erhöhen
bilûr *f* Flöte
bin *m* Grund, Boden, unter, unterhalb, unten
binavkirin (be-)nennen, bezeichnen
bindest *m+f* Vasall(in); kolonialisiert; unterwürfig
bindestî *f* Unterordnung, Herrschaft, Joch
binemal *f* Familie
biraza *m+f* Neffe, Nichte
birçî hungrig
birêvebirin durchführen, ausführen, verwalten
birin hinbringen, mitnehmen, wegnehmen, führen, leiten

birîn (ab-)brechen, unterbrechen; (ab-)schneiden, trennen, sich losreißen
biriqîn strahlen, glänzen, leuchten
birû *m* Augenbraue
Birxaristan *f* Bulgarien
biryar *f* Entscheidung, Beschluss
biserketî erfolgreich, überlegen
bişirîn grinsen
bişûnda hinterher, hinten
biyanî fremd
bîfil *f* Nase
bîhn girtin (ein) atmen
bîjîn Appetit bekommen, verlangen
bîlêt *f* Ticket
bîr[1] *f* Brunnen
bîr[2] *f* Sinn, Gedächtnis, Erinnerung
bîr anîn sich erinnern
bîr birin sich bewusst sein, beachten
bîrbir bewußt, hellwach
bîro *f* Büro, Geschäftsraum, Filiale
bîsk *m* Moment, Augenblick
bîstek *f* Weile
bîşeng *f* Trauerweide
borandin verzeihen, entschuldigen, vergeben
borîn verbringen, vergehen, passieren, überqueren
boş reichlich, zahlreich
bra *m* Bruder
briqîn strahlen, leuchten, blitzen
brusk *f* Blitzstrahl
buha teuer, lieb
buhust *m* Handspanne
burs *f* Stipendium
bûn sein, werden, existieren
bûk *f* Schwiegertochter, Braut
bûyer *f* Ereignis

C

cahil unwissend, ungebildet
cahilî *f* Unwissenheit, Ignoranz
camêr *m* Edler; mutig, tapfer
can *m* Seele, Leben, Leib
car bi car manchmal
carek einmal
careke din nochmals
carina manchmal
caw *m* Baumwolltuch
ce *m* Gerste
cedd *m* Vorfahr, Ahn
cehş *m* Eselsfüllen
celîle groß, hoch, ruhmreich
cem neben, bei, zu
cendek *m* Körper, Leiche
ceng *m* Krieg
cerîde *f* Zeitung
cênîk *f* Schläfe
cigare *f* Zigarette
cih / cî *m* Platz, Stelle, Ort, Gegend
cihab *f* Antwort
cihi / cihî / cihû *m+f* Jude, Jüdin
cil *m* Kleidung, Kostüm
cin *f* Geist, Dämon
civakî gesellschaftlich
civandin sammeln, zusammenbringen
civat *f* Versammlung, Gesellschaft
civîn *f* Versammlung
ciwamêrî *f* Großmut, Freigebigkeit
ciwan jung
ciwanî *f* Jugend
cixare *f* Zigarette
cîddî ernst
cîhan *f* Welt
cîran *m+f* Nachbar(in)
cok *m* Bewässerungsgraben, Wasserlauf
coş *f* Begeisterung,

cot kirin bestellen
cot[1] *m* Paar
cot[2] *m* Pflügen, Bodenbearbeitung
cuda kirin trennen, absondern; entfernen
cudayî *f* Unterschied
cuh *f* Bach, Wasserlauf

Ç

çak gut, angenehm
çakêt *m* Jacke
çalakî *f* Aktivität
çand *f* Kultur
çandin säen, anbauen, anpflanzen
çandî kulturell
çap *f* Druck
çaqil *m* Kiesel(-stein)
çar[1] *m+f* Zar, Zarin
çar[2] vier
çarêk *f* Viertel
çarkoşe *m* Viereck, überall
çav *m* Auge
çav lê ketin erblicken, bemerken entdecken
çavsorî *f* Tapferkeit, Mut
çavşkênandî entmutigend
çawa wie
çax *f* Zeit, Moment, Periode
çeleng fein, hübsch, schön
çelengî *f* Eleganz, Beweglichkeit
çelq û çelq / çelp û çelp kirin schmatzen
çem *m* Bach
çemçik *f* Schöpflöffel
çend wieviel, einige
çep links
çepik lêdan applaudieren
çerandin weiden lassen, abweiden
çetel *f* Gabel
çê bûn gemacht, hergestellt werden
çê kirin herstellen, produzieren, machen
çêlik *m* (Tier-)Junges
çi was; welcher, welche, welches
çil vierzig
çima warum
çiqas wie viel, wie sehr
çira / çire *f* Lampe
çire warum
çirik *f* Dachrinne
çirûsk *f* Funke
çirûskîn leuchten, glänzen, strahlen
çîn *f* Klasse, Schicht
çîrok *f* Erzählung, Märchen
çîrokbêj *m* / *f* Geschichtenerzähler(in)
çîya *m* Berg
ço *f* Stock
çog *f* Knie
çol *f* Wildnis, Wüste
çun ava(n) untergehen
çûk *m* Vogel
çûn gehen
çûn ser Erfolg haben, gelingen

D

da dass, damit, um zu
da ku so dass, um zu, weil
dagirtin füllen, voll machen
daketin herabsteigen, hinuntergehen
damezirandin einrichten, begründen
dan geben, setzen
dan pey folgen, verfolgen
danîn legen, setzen, stellen
danûsitandin *f* Beziehung, Verhältnis, Verbindung
dar *f* Baum, Stock, Stab

dar û ber *f* Bäume und Sträucher, alles Grüne
daristan *f* Wald
dawî *f* Ende, dann
dawîyê dann, danach, schließlich
daxistin senken
daxwaz *f* Ziel, Wunsch, Forderung, Beharren
daxwaz kirin wünschen, fordern
dayê *f* Mutter
dayîk *f* Mutter
dayre *f* Büro, Verwaltung
de also, ja, endlich
defter *f* Heft
deh zehn
delal schön
delalî *f* Liebe
dem *f* Zeit
dem bi dem von Zeit zu Zeit
dema ku als, während
dendik *f* Korn, Kern
deng *m* Stimme, Ton, Laut
dengbêj *m+f* Sänger(in)
dengîn stimmhaft, laut
deqdeqî gefleckt, gesprenkelt
deqqe *f* Minute
der[1] *f* Platz, Ort, Gegend
der[2] hinaus, heraus
der û cîran *pl.* Nachbarn
deranîn herausbringen, herausholen
derbare betrefend, hinsichtlich, über
derbas / derbaz bûn einreisen, überqueren, durchgehen
derbas / derbaz kirin verbringen
derd *m* Sorge, Leiden
derdor *f* Umgebung, Umkreis, um ... herum
derekê irgendwo
dereng man sich verspäten
derewîn *m+f* Lügner(in), lügnerisch
derewker *m+f* Lügner(in)
dergûş *f* Wiege
derheq betreffend, bezüglich
derî *m* Tür
derketin herauskommen, hinausgehen, steigen
derman *m* Medikament
ders *f* Unterricht
dersdar *m+f* Lehrer(in)
dersxane *f* Klassenzimmer, Schule
derve *f* Ausland; draußen, außerhalb
derxistin entfernen, hinauswerfen; herausnehmen, herausholen; folgern, entnehmen; herausgeben
derya *f* Meer
desmal / destmal *f* Handtuch
dest *m* Hand
dest dan berühren, anfassen
dest pê kirin anfangen
destan *f* Erzählung, Heldenepos
destar *m* Handmühle
destbra *m* enger Freund
destpêk *f* Anfang, Beginn
deşt *f* Ebene
dev *m* Mund
dev berdan aufgeben
devkî verbal, wörtlich
dew *m* Molke, Buttermilch
dewlemend reich
dewlet[1] *f* Staat
dewlet[2] *f* Glück, Reichtum; dank, aufgrund (von)
dewr *f* Phase, Periode, Etappe
dê *f* Mutter
dêv *m* Dämon, Riese
di ber re gleichzeitig, dadurch

di ser da girtin überfallen, stürmen; erwischen
di ser hev re aufeinander, nacheinander
di xew da çûn einschlafen
dibe villeicht, eventuell
dibistan *f* Schule
Dicle *m* Tigris
difn *f* Nase
digel mit, obwohl, trotz
digel vê hindê doch, jedoch, nichtsdestoweniger, trotzdem
dihn *f* Aufmerksamkeit
dij gegen
dijmin *m+f* Feind(in)
dijûn kirin schimpfen
dijwar gewalttätig, angriffslustig; schwierig; streng
dik *f* Polsterbank
dil *m* Herz
dilbicî befriedigt, zufriedengestellt
dilgermî *f* Herzlichkeit,
dilhebîn rührend, herzergreifend
dilketî *m+f* Verliebte(r); verliebt
dilop *f* Tropfen
dilpak treuherzig, ehrlich
dilpakî *f* Treuherzigkeit, Ehrlichkeit, Naivität
dilsax ehrlich
dilsoz mitfühlend, treu, nachfühlend
dilşayî *f* Freude
dilşikestî *f* Beleidigung, Enttäuschung
diltenik empfindsam, sanft
dilxweşî *f* Freude, Zufriedenheit
dims *f* durch Kochen eingedickter honigartiger Sirup meist von Trauben
din ander(-er, -e, -es)
dinê / dinya *f* Welt, Universum, Erde
diqet Achtung! Vorsicht!
diran *m* Zahn
dirêj lang, groß
dirêj bûn sich erstrecken
dirêj kirin zu- hinüberreichen; lang (länger) werden lassen, verlängern
dirik *f* Brombeerstrauch
diruşm *f* Motto, Parole
dişmin / dijmin *m+f* Feind(in)
divêtin müssen, nötig sein, notwendig sein
diyar kirin offenbaren, zeigen
diyarî *f* Geschenk
diz *m+f* Dieb(in)
dizî *f* Einbruch, Diebstahl; geheim, heimlich
dizîn stehlen
dî ander(-er, -e, -es)
dîk *m* Hahn
dîlan *f* Tanz, Gesang
dîlîtî *f* Abhängigkeit
dîn[1] verrückt, wahnsinnig
dîn[2] *m* Religion
dîndar gläubig, religiös
dînîtî *f* Irresein, Wahnsinn, Narrheit
dîrok *f* Geschichte
dîsa / dîsan wieder, dennoch, außerdem, wieder einmal, noch einmal
dîtin *f* Ansicht, Meinung, Blick, Betrachten; sehen; finden
dîwar *m* Wand, Mauer
dolbend *f* Turbantuch, Kopftuch
domandin fortsetzen, fortführen
dor *f* Nähe, Umgebung; um ... herum
dor girtin umzingeln, umgeben, einkreisen
doralî *m* Umgebung, Umgegend
dorhêl *f* Umgebung, Umgegend

dost *m+f* Freund(in), Bekannte(r); befreundet
dot *f* Tochter
dotir nach; nächst(-er, -e, -es)
doz *f* Verlangen; Fall; Erfindung
dudu / du zwei
duh gestern
dusibê übermorgen
duwemîn zweit(-er, -e, -es)
dû[1] *f* Rauch, Qualm
dû[2] hinter, nach
dû ra danach
dûman *f* Dampf, Nebel
dûndan *f* Nachfahren, Nachkommen
dûr fern, weit
dûr ketin sich entfernen
dûr û dirêj ausführlich, lang und breit, recht lang, eingehend
dûv *m* Schwanz

E

ecem *m+f* Perser(in)
ecêb seltsam, wunderlich, merkwürdig
ecêbmayî verwundert, erstaunt
edeb *f* Sitte, Norm; Höflichkeit
edebî literarisch
eger wenn, falls, wenn doch
Ehreman Ahriman, böser Geist (Gegenspieler von Ahura Masda im Zoroastrismus), Teufel
elhemdu lîllah Gott sei Dank
elimandin lehren, unterrichten
elimîn lernen, erfahren
elman *m+f* Deutsche(r)
elmanî deutsch
emel *m* Tat, Handlung, Arbeit
emilandin einsetzen, benutzen, beschäftigen
emir *m* Befehl, Erlass
enbîya *f* (*Pl. von nebî*) Prophet
endam *m+f* Mitglied
enî *f* Stirn
eqil *m* Verstand, Vernunft
ercentînî *m+f* Argentinier(in)
erd *m* Erde, Land
erebî arabisch
erê ja, jawohl
ermenî / ermen *m+f* Armenier(in)
Ermenistan *f* Armenien
ern *f* Wut, Ärger, Zorn
erûg *f* Pflaume
erzan billig, günstig
esas wesentlich, eigentlich, hauptsächlich
eser *f* Werk; Spur, Wirkung
esker *m* Soldat, Armee
eskerî *f* Militärdienst
esl / esil *m* Ursprung, Herkunft; Original
eşek Esel (*türkisch*)
eşîr *f* Stamm, Sippe
eşkere eindeutig, offensichtlich
eşkere kirin bekannt machen, offenbaren, klären, zum Ausdruck bringen
eşq *f* Liebe
evîn *f* Liebe
ewlad *f* (*Pl. von weled*) Kinder
ewqas / ev qas soviel, so, ebenso
ewr *m* Wolke
Ewropa *f* Europa
ewtîn / **hewtîn** bellen
ewwulî / ewilî, erster, zuerst, erstens
eyalet *f* (Bundes-)Land
eyb *f* Mangel, Schande, Scham
eydî von nun an

eynî genau; sicher
ez benî Ihr Diener! zu Diensten (wörtlich: „dein Diener!“)
ez gorî / ez gorîya te me möge ich vor dir sterben
ez qurbana te ich bin bereit, mein Leben für dich hinzugeben
ez xulam Ihr Diener!
ezman *m* Himmel

Ê

êdî nun, von nun an, künftig
êriş kirin angreifen, attackieren
êş *f* Schmerz
êşandin züchtigen, bestrafen
êvar *f* Abend
êzîdî *m+f* Jeside, Jesidin
êzing *m* Brennholz

F

fam *f* Verstand, Verständnis, Begreifen
fam / fahm / fem kirin *f* Auffassung, Betrachtung; verstehen, begreifen
fedakarî *f* Opferbereitschaft
federal bundesstaatlich, föderativ
fekirin schauen, umschauen
felat *f* Befreiung, Rettung
felek *f* Schicksal, Himmel
Felestîn *f* Palästina
felsefî philosophisch
feqîr arm, mittellos
Ferat / Firat *f* Euphrat
ferheng *f* Wörterbuch
ferhengok *f* kleines Wörterbuch
fermî offiziell, amtlich, öffentlich
fermû bitte!
fes *f* Fez, Fes
festîval *f* Festspiele
feyda *m* Nutzen, Vorteil
fêkî *m* Obst
fêr bûn lernen, erfahren, gewöhnen
fidakar opferbereit, treu
fikir *f* Idee, Gedanke, Geist
fikirîn denken
filankes Herr Soundso; der und der
firavîn *f* Mittagessen
firçe *f* Pinsel, Bürste
fireh viel, weit, breit
firîn fliegen
firîqet ruhig, still
firotin verkaufen
firsend *f* Gelegenheit
firsend dîtin ausnutzen; eine Gelegenheit finden
film *f* Film
fistan *f* Kleid, langes Frauenoberkleid
form *f* Form
fotograf *m* Bild, Foto
fotografhane *f* Photogeschäft, Photoatelier
fotografkêş *m+f* Photograph(in)
fotografkêşî *f* Lichtbildkunst
fotojenîk photogen
fûrîn sieden, kochen

G

ga *m* Ochse
galgal / galegal *f* Unterhaltung, Gespräch
gav[1] *f* Moment, Augenblick, Zeit
gav[2] *f* Schritt, Lauf
gava wenn, falls, als
gaz *m* Gipfel, Spitze, Höhe
gazî *f* Ruf, Schrei
gazî kirin rufen, schreien

geh ... geh manchmal ... manchmal
gel *m* Volk, Nation, Leute
gelce / gelac *f* Streit, Debatte
gelek viel, sehr, zahlreich, mehrere, einige
gelî[1] Kenntlichmachung einer Anrede
gelî[2] *m* Engpass, Schlucht
gelo ob, doch, aber, vielleicht
gencîna *f* Schatz
gerandin führen, leiten, drehen, rollen
gerîyan herum laufen, spazieren gehen
germ warm, heiß
germî / germahî *f* Wärme
geş fröhlich, heiter, munter
geş bûn blühen
gewher *m* Wesen, Wesentliches; Substanz, wertvoll
gewr bräunlich- oder schwärzlich-grau
gewz bûn sich freuen
gez kirin beißen
giha/ giya *m* Gras, Rasen, Kraut
gihiştin erreichen, ankommen; wachsen; erlangen
gilî kirin bedauern, beklagen
giramî *f* Achtung
giran schwer; ansehnlich, beträchtlich; ernst
giranî *f* Schwierigkeit, Gewicht
girar *f* Pilaw
giregir wichtig, mächtig
girêdan (an-, zu-, fest-)binden
giring interessant, wichtig, ernst, bedeutsam
giriyan / girîn weinen, klagen, trauern
girtin nehmen, (er-)greifen, festhalten; schließen
girtî geschlossen; gefangen
gişt alle
gîsin *m* Pflugschar
glor rund
gopal *m* Stock, Stab; Spazierstock
gor *f* Grab, Grabstätte
goşt *m* Fleisch
gote *f* Wort, Aussage
goten *f* Wort, Rede; sagen, sprechen, reden, mitteilen
guh *m* Ohr
guh dan zuhören, hören
guhartin wechseln, ändern, verändern
guhdarî kirin (zu-/an-)hören; gehorchen, folgen
guherîn *f* Veränderung, Wechsel
gujjîn dröhnen
gul *f* Rose, Blume
gulan *f* Mai
gulfiroş *m+f* Rosenverkäufer(in)
gulover rund
gulperest *m+f* Rosenliebhaber(in)
gum *f* Backe, Wange
gund *m* Dorf
gundî *m+f* Dörfler(in), Bauer, Bäuerin
guneh / gune *m* Mitleid, Schuld, Sünde und Schande
guneh pê hatin bemitleiden
guneh stûyê we ye Das müssen Sie verantworten
gur *m* Wolf
Gurcistan *f* Georgien
gure gur kirin donnern, krachen, dröhnen
gurmist / gurmik *f* Faust
gurmîn donnern, krachen
gurr laut und stark
gurz *m* dutzend, einige, manche
guvvîn heulen

H

hadîs *f* Überlieferung
hakim *m+f* Richter(in)
hal *m* Situation, Zustand
hal û wext *m* finanzielle Lage
halo dann
har wild, wütend, verrückt, toll
hatin kommen
havil *f* Lösung
havîn *f* Sommer
hawîr überall
hay *f* Bewusstsein, Ahnung, Nachricht
haya hebûn merken, ahnen, wissen
haydê los! komm! nur zu
hazirî *f* Vorbereitung
hebûn haben, existieren, besitzen
hec *f* Wallfahrt
hecî *m+f* Mekkapilger(in)
heft sieben
hejandin schütteln, hin und her schaukeln, erschüttern
hejîn / hejan zittern, beben
hejmar *f* Zahl, Nummer, Menge
hejmartin zählen, rechen
heke wenn, als, falls, ob
hekîm *m+f* Arzt, Ärztin
hekîmî *f* ärztlicher Beruf, medizinische Wissenschaft
helbest *f* Gedicht, Dichtung
helbestvan *m+f* Dichter(in)
helbet natürlich, gewiss
hem … hem (jî) sowohl … als auch
hema gleich, sofort, also
hema çi bigire fast, beinahe
hemd *f* Lob
hemî / hemû alle, all, jeglich (-er, -e, -es)
hemwelatî *m+f* Landsmann, Landsmännin
hengame *f* Tumult, Aufregung
heq *m* Recht, Anteil, Gehalt
heqdar *m+f* wer recht hat
her jed(-er,-e,-s), all
her û her ständig, andauernd, immer, stets
her ûsa genauso
herçî was auch immer; wer auch immer, alle, jed(-er,-e,-s)
herdu beide, zu zweit
herf *f* Buchstabe
herikîn fließen, herauslaufen; vergehen
herkes jeder, jedermann, alle
hero(j) jeden Tag
hertim immer, ständig
herweha genau so, gleichfalls, auch
herwekî wie, da, geradeso wie, als ob
heseb Rechnung
hesibandin betrachten
hesinî eisern
hesiyan fühlen, empfinden
hesp *m* Pferd
heşt acht
heta bis
heta ko damit, so dass
hetanî bis
heval *m+f* Freund(in), Begleiter(in)
heval û hogir *pl.* Freunde und Gefährte
hevalên kimtê bayê wie ein Blatt im Wind
hevaltî *f* Freundschaft
hevkarî *f* Zusammenarbeit, Kooperation
hevwate synonym
hewa *m* Klima, Luft, Wetter
hewa ketin abfliegen

hewal *m* Zustand, Neuigkeit
hewce notwendig, nötig
hewindar liebevoll, verliebt
hewr *m* Wolke
hewtîn bellen
heya bis
heyam *m* Epoche, Zeitalter, Dauer
heyber *f* Wesen, Geschöpf
heye ko / heye ku vielleicht, eventuell, möglicherweise
heyet *f* Delegation, Kommission
heyf hatin bedauern, bemitleiden
heyran lieber Freund!
heyv *f* Monat, Mond
heyveron *f* Mondlicht, Mondschein
heywan *m* Tier
hez kirin lieben, lieb haben, mögen
hezar tausend
hezkirî beliebt
hê erst, noch, immer
hêdîka / hedî still, leise, ruhig, langsam
hêj noch, immer noch
hêja von guter Qualität, interessant, ausgezeichnet
hêjayî *f* Qualität, Eigenschaft, Vortrefflichkeit
hêl *f* Seite, Umgebung
hêsan leicht, einfach
hêstir *f* Träne
hêşin grün
hêşînayî *f* (alles) Grüne
hêvî *f* Hoffnung, Erwartung
hêvî kirin hoffen, erwarten
hêvîdar hoffnungsvoll, erwartungsvoll
hêwirin setzen, legen
hikûmet / **hukumet** *f* Regierung, Staat
hilanîn heben, hochheben; räumen
hilatin aufgehen, sich heben, zur Welt kommen
hilbijartin auswählen, wählen
hildan nehmen, entfernen, hochheben, aufheben
hileweşandin *f* Zusammenbruch, Sturz, stürzen
hilkişîn aufsteigen, besteigen
him ... him sowohl ... als auch
himber / hember gegen, gegenüber
himhim *f* Gurren
hindik wenig
hindik ne ma beinahe, fast
hinek / hin einige, manche, ein wenig, etwas
hinekî ein wenig, etwas
hingê dann, folglich, nun, darauf, also
hingur *f* Dämmerung
hiş *m* Vernunft, Verstand, Sinn
hişyar wach
hişyar bûn erwachen, wach werden
hîkat / hîkayet kirin erzählen, berichten
hîm *m* Basis, Grundlage
hîn noch
hîn bûn lernen
hîs / hes *f* Gefühl, Empfindung
hîs / hes kirin fühlen, empfinden
hîştin lassen, überlasen, verlassen, erlauben
hîv *f* Mond
ho also, so
hogir *m+f* Gefährte, Gefährtin, Freund(in)
holê so, auf diese Weise
hoste *m* Meister, Experte, handwerklich geschickt, kunstfertig

hundur / hundir *m* das Innere, Innenraum
huner *f* Kunst
hunerî künstlerisch
hunêrmend *m+f* Künstler(in)
hurmet *f* Respekt, Würde
Hurmiz *m* Ormuzd (der Gott des Guten in der zoroastrischen Religion)
huskut bûn schweigen
hûr-mûr *f* Sachen, Kleinigkeiten

I

ibranî hebräisch
ilm / îlim *f* Wissenschaft
istiqlal *f* Unabhängigkeit
isûl / ûsil *f* Prinzip, Regel

Î

îcar dieses Mal, dann
îda schon, bereits
îlon *f* September
îman *f* Glaube
îmkan *f* Möglichkeit
îmze kirin unterschreiben
îro heute
îsal dieses Jahr
îsot *f* Paprika, Pfeffer
îspat kirin beweisen
îstasyon *f* Bahnhof, Haltestelle
îş *m* Tätigkeit, Arbeit, Sache
îşev heute Nacht, in dieser Nacht
îzeh *f* Erklärung
îzeh kirin erklären, schildern
îzn *f* Erlaubnis, Genehmigung

J

jan *f* Schmerz
jehr *f* Gift
jêhatî tüchtig, fähig
jêr unten, unterhalb, unter
jêrîn unten, unter(-er, -e, -es)
ji von, aus; seit, durch, nach, wegen
ji alîkî ... ji aliyê din einerseits ... andererseits
ji ber ku weil, da
ji ber mayîn übrig-, zurück-, verbleiben
ji ber wê yekê deswegen, aus diesem Grund
ji birçîyan mirîn verhungern
ji bîr bûn vergessen werden
ji bîr kirin vergessen
ji bîrva çûyîn in Ohnmacht fallen
ji bo für
ji bona für, zu
ji dayikê bûn geboren werden
ji hêla seitens, von
ji kerema xwe bitte
ji lewre deswegen, deshalb
ji mêj ve lange her, lange
ji niha ve von nun an
ji niho û pê de von nun an, künftig, in Zukunft
ji ... pê ve außer
ji teqet ketin an Kraft verlieren, schwach werden
ji xwe ber selbst, von sich aus, ganz allein
ji xwe razî sicher, anmaßend
jihevdeketî verderbt
jin *f* Frau
jin anîn heiraten (*f. Männer*)
jinik / jin *f* Frau
jiyan *f* Leben, Existenz; leben, wohnen
jiyînbarî *f* Lebensgeschichte
jî auch, ebenfalls, gleichfalls

jîn / jîyan leben
jur / jor oben

K

kal *m* alter Mann, alt
kalbûn altern
kalîn blöken, meckern
kanê wo
kanî *f* Quelle
kar *m* Arbeit, Angelegenheit, Beruf
kar anîn benutzen, verwenden
kar kirin nützen
karîn können, einer Sache mächtig sein, vermögen
karker *m+f* Arbeiter(in)
karmend *m+f* Beamter, Beamtin
karûbar *m* Tätigkeit
kat *f* Zeit
kaxez *f* Papier, Blatt, Brief
keç *f* Mädchen, Tochter
kefçî *f* Löffel
kela / kelat *f* Burg, Festung
kelîyan kochen
ken *f* Lachen, Lächeln
kengê/ kingê wann
kenîyan / kenîn lachen
kepene *m* ungenährter, ärmelloser Filzüberwurf der Schäfer
ker *m* Esel
kerem *f* Hochherzigkeit, Großzügigkeit, Gnade
kerem ke bitte schön
kerem kin bitte schön (*Plural*)
kerem kirin bitten
kes *m* Person, Mensch; jemand, niemand
kesb *f* Gewinn, Nutzen
keşif *f* Entdeckung, Enthüllung
ketin fallen, eindringen, eintreten, hineingehen
kevçî *f* Löffel
kevir *m* Stein
kevn / kevin alt, bejahrt, langjährig
kevnare antik, alt
kêf *f* Freude, Vergnügen, Begehren
kêferat *f* Buße, Sühne(-gabe), Preis
kêfxweşî *f* Freude, Vergnügen
kêl *f* Monument, Gedenkstein
kêlek *f* Seite, Rand
kêlî *f* Sekunde
kêm wenig, selten
kêmasî *f* Mangel, Makel
kêmayî / kêmanî *f* Fehlen, Schwäche
kêr *f* Messer
kêr kirin erstechen
kifş klar, bekannt
kil *f* Stoß, Schlag, Erschütterung
kilam *f* Lied, Gesang
kimt / kimê *f* Pilz
kinîşt *f* Synagoge
kiras *m* Hemd
kirêt abscheulich, hässlich, schlecht
kirin machen, tun, stellen, erledigen
kirin der vertreiben, wegschicken
kirîn kaufen, erwerben
kişandin ziehen; tragen, machen (*Bild, Potographie*)
kitêb *f* Buch
kî wer
kîbar vornehm
kîjan welch(-er, -e, -es)
kok *f* Wurzel, Grund
kok anîn ausrotten
kol kirin verwunden, mit der Faust schlagen
kom *f* Gruppe

kom bûn sich versammeln
komelayetî sozial, gesellschaftlich
kopî *f* Kopie
kor *m+f* Blinde(r); blind
kordele *f* Band, Kordel
kordûnde kinderlos, ohne Nachkommen
kortal *f* Tiefe, Abgrund
koşe *f* Ecke, Winkel
krîl kyrillisch
kuçe *f* Gasse, Gässchen
kul *f* Wunde, Leiden
kulîlk *f* Blume
kum *f* Mütze, Hut
kun *f* Loch
kur *m* Junge, Sohn
kurdewarî *f* Kurdentum
kurdî kurdisch
kurs *f* Kurs
kursî *f* Stuhl, Sessel
kurtedem *f* Moment, Augenblick
kuştin töten
kutan schlagen, klopfen
kuxîn husten
kûçik *m* Hund
kûr tief
kûrîn schreien
kûsî *m* Schildkröte
kûvî scheu, schüchtern

L

lahût *f* Göttlichkeit, Gottheit
lal stumm, sprachlos
lalî *f* Stummheit
latînî *f* Latein, lateinisch
lava kirin anflehen, erbitten
law *m* Junge
lawik *m* Junge, junger Mann, Verliebter
lazim nötig, notwendig
lebat *m* Mitglied; Betätigung
lebê bitte, wie bitte, ja bitte
leheng *m* Held, Sieger, Protagonist
lehî *f* Flut, Strom, wildströmendes Wasser
lema / loma daher, deshalb
lengerî *f* Bratenplatte
lepik *m* Handschuhe
leşker *m* Soldat, Krieger
leşkerê winda *m* der Unbekannte Soldat
levene *m* Schilf(-rohr)
lewhe *f* Gemälde, Bild
lewma weil, da
leyistin spielen
leystik *f* Spiel
leystikgeh *f* Stadion
leystikvan *m+f* Spieler(in)
lez schnell, eilig
lez kirin sich beeilen
lez û bez schnell, eilig
lê aber
lê dan schlagen, spielen; prügeln
lê gerîyan suchen
lê hatin passen, angemessen sein, gut aussehen
lê rabûn sich empören, revoltieren
lê vegerandin beantworten; erzählen
lê xistin schlagen, prügeln
lê xweş hatin gefallen
lêbelê jedoch, dennoch, doch, trotzdem
lêv *m* Lippen
li benda ... sekinîn warten
li ber geriyan bitten
li ber ketin sich Sorgen machen
li dar xistin organisieren, durchführen
li gor gemäß, entsprechend, nach

li hev xistin zusammenmischen
li hevhatin *f* Vereinbarung, Verständigung
li hêvîyê bûn warten, in Erwartung sein
li kûderê wo
li pey hinter, hinter her
li rûyê erdê überall, auf der ganzen Erde, in der ganzen Welt
li ser auf, über, darauf, darüber
li vira / li vir hier
li xwe kirin sich anziehen
lihevhatî vollkommen, einwandfrei, perfekt
lîstin spielen, tanzen
lîstok *f* Spielzeug
loma deshalb, daher
lorandin schaukeln; einschläfern, einlullen
lorîn ein Wiegenlied singen
lotik *f* Sprung

M

makîne *f* Maschine, Apparat
mal[1] *f* Haus, Wohnung
mal[2] *m* Besitz, Habe, Güter
malbat *f* Familie
malxo *m* Hausherr, Familienoberhaupt
mamoste *m+f* Lehrer(in)
mamûr kirin aufbauen
man / mayin bleiben, aufhalten, wohnen
mana *f* Bedeutung
mar *m* Schlange
marîfet *f* Geschicklichkeit, Kunst
mase *f* Tisch
masî *m* Fisch
masîyên bejî Erdfische
materyal *f* Material(-ien)
matmayî verwirrt
maxrûrî *f* Hochmut, Selbstzufriedenheit, Stolz
me wir, uns
medrese *f* Schule
meh *f* Monat, Mond
mehîr *f* Sauermilchsuppe
mekteb *f* Schule
Mekteba Herbîye *f* Kriegsschule
melûl melancholisch, traurig
memûr beauftragt, ermächtigt
mensûb zu-, angehörig, (an-)gehörend
meqsed *f* Ziel, Absicht, Zweck
meraq *f* Neugier, Interesse, Sorge, Besorgnis
merasîm *f* Zeremonie, Feierlichkeit
meri / **meriv** *m* Mensch
merivahî *f* Menschheit
mesele *f* Geschichte, Fall
mesref *f* Kosten, Ausgaben
mestî *f* Begeisterung, Betrunkenheit
meşandin durchführen, in Gang bringen
meşîn laufen, marschieren
mexel bûn sich hinsetzen (*Tier*)
mexsed *m* Ziel, Zweck, Absicht
mey *f* Wein
meydan *f* Platz, Ort, Feld, Arena
meymûn *f* Affe
mezin groß
mezinahî *f* Größe, Erhabenheit
mêjî *f* Gehirn
mêr *m* Mann, Eheman; tapfer, mutig
mêrg *f* Wiese, Weide, Aue
mêrxas *m* Held; mutig, tapfer
mêş *f* Biene
mêtin saugen, einsaugen, aufsaugen
mêvan *m+f* Gast, Besuch

mêvanhevîn gastfreundlich
mij *f* Nebel
mil *m* Schulter, Seite
milçe milç kirin schmatzen
milet *m* Nation, Volk
miliyet *f* Nationalbewusstsein, Nationalität
milî national
minetdarî *f* Dankbarkeit
mirin sterben
mirî verstorben
mirîşk *f* Henne, Huhn
mirnaw kirin miauen
mirov / mîrov *m* Mensch, Mann, Person; man
mist *m* innere Handfläche, Handvoll
mişk *m* Maus
mitbax / mitfax *f* Küche
mitêl *f* Steppdecke
mizgeft *f* Moschee
mîh *f* Schaf
mîna wie, als
mînak(î) *f* Beispiel
mîr *m* Anführer, Fürst, Prinz
mîrekî *f* Fürstentum
motiv *f* künstlerisches Motiv, Muster
muqedes heilig
muteserrif *m* Gouverneur
mûrî *m* Ameise

N

na nein
naka jetzt, sogleich
nalîn stöhnen, seufzen
name *f* Brief
nan *m* Brot
nas *f* Bekanntschaft; Kenntnis, Wissen; bekannt
nas kirin kennen, wissen, erkennen, kennen lernen
nas û dost *pl.* Bekannte und Freunde
nasîn kennen, wissen, erkennen
nav[1] *f* Mitte, Zentrum; mitten, inmitten, zwischen, unter
nav[2] *m* Name, Ruhm
navber *f* Mitte; zwischen
navdar bekannt, berühmt
navend *f* Zentrum, Zentrale
naverok *f* Inhalt
navîn *m+f* Mitte, Zentrum; mittlere
navnetewî international
nazdarî *f* Zärtlichkeit, Sanftheit
nazik zart, fein
ne nicht, nein
ne … ne weder … noch
neh neun
neheq unrecht, ungerecht
nemaze insbesondere, besonders, vor allem
nemir unsterblich
nemirî *f* Unsterblichkeit
nepixîn schwellen, anschwellen, dick werden
neqiş *f* Zeichnung, Bild, Abbildung
nesîhet *f* Ratschlag, Belehrung
nesl *m* Nachkommenschaft, Rasse, Generation
neteweyî national
newal *f* Tal
nexme *f* Melodie
nexu / nexwe sicher, gewiss, zweifellos
nexweş ketin erkranken, krank werden
neyar *m+f* Gegner(in), Feind(in)
nezanî *f* Unwissenheit, Unkenntnis, Ignoranz
nêrîn sehen, anschauen

nêzik / nêzîk nahe, in der Nähe
nêzî(k) kirin nähern
nêzîkî *f* Nähe; nahe, in der Nähe, fast, beinahe
nig / ling *m* Fuss, Bein
nihêrin / nêrin sehen, schauen
niho jetzt, nun
nik bei, neben, auf, nach
nimêj *f* Gebet
niqitîn / niqutîn tropfen
niqitîn dil ahnen, Vorahnung haben
nirxîn werten, beurteilen
nişk *f* Moment, Augenblick
nişkave (ji nişkê ve) plötzlich
nivîn *f* Bett
nivîsar *f* Text, Manuskript
nivîsgeh *f* Büro
nivîsîn schreiben
nivîskar *m+f* Autor(in), Schriftsteller(in)
nîr / nire *m* Joch
nîsk *f* Linse
nîşan *f* Zeichen
nîşan dan zeigen
nîşan kirin zeigen
nîvê şevê *m* Mitternacht
nîzing / **nîzîk** nah, in der Nähe
no nein
nok *m* Kichererbse
nuha / niha / nuho jetzt
nû / **nuh** neu, frisch
nû bûn sich erneuern
nûjen neuzeitlich, modern
nûner *m+f* Vertreter(in), Gesandte(r)

O

ode *f* Zimmer, Raum
osmanî osmanisch
otoboz *f* Autobus

P

padişah *m* König
pahn breit, weit
paqij sauber
paqij kirin sauber machen, säubern, reinigen
par *f* Teil, Stück
parastin verteidigen, schützen, aufbewahren, beschützen, erhalten
pardar *m+f* Teilhaber(in), Partner(in)
parî *f* Scheibe, Schnitt, Teil
parve kirin verteilen, aufteilen, teilen
paş nuho von nun an, von jetzt an
paşa *m* Pascha, General
paşdemayî rückständig
paşê später, danach, dann
paşgotinî *f* üble Nachrede, Verleumdung
paşil *f* Brusttasche
payin beobachten, warten
payîz *f* Herbst
paytext *m* Hauptstadt
pazde fünfzehn
peçîn einwickeln, umwickeln, verpacken
pehtin kochen
pejirandin akzeptieren, annehmen, zustimmen
pekîn springen
pel *m* Blatt, Zweig
pelçiqandin / perçiqandin zerdrücken, zerquetschen
pence *f* Tatze
pencere *f* Fenster
penîr *m* Käse
perav *f* Ufer, Rand

perçe *f* Teil, Stück
pere *m* Geld
pere kirin kosten
perwerde *f* Erziehung
perwerde kirin erziehen, ausbilden
pesn *m* Lob
pey nach, hinter
peyam *m* Botschaft, Mitteilung
peyda bûn erscheinen, kommen
peyda kirin besorgen, vorbringen, finden
peyv *f* Wort, Worte, Rede, Ausdruck
peyvîn sprechen, reden
pez *m* Kleinvieh
pezê reş *m* Ziege
pezê spî *m* Schaf
pê[1] *m* Bein, Fuß
pê[2] mit; hinter
pê(k) anîn veranstalten, vorbereiten, hervorbringen, erzielen
pê dan hinter her sein, verfolgen, nachjagen
pê girtin anfassen, fassen, festnehmen, (ab-)beißen
pê hesiyan hören, erfahren
pê kirin anzünden, entzünden, einschalten
pê lê kirin ankommen, erreichen
pê vedan stechen, beißen (*Schlange*)
pêçandin einpacken, einwickeln
pêk hatin bestehen, entstehen
pêl *f* Welle, Wogen, Regenguss
pêlav *f* Schuh; Schritt
pênc fünf
pênûs *f* Bleistift, Schreibfeder, Kugelschreiber
pêra pêra sofort, auf einmal
pêre pêre zerstückelt, zerteilt
pêrgîn *f* Empfang, Begegnung
pêş ve birin vorantreiben, voranbringen, Fortschritte machen
pêşber vor, vorn, davor
pêşgîr *f* Lendentuch, Badeschurz
pêşgotin *f* Vorwort
pêşî *f* Vorderseite; zuerst, vorhergehend, vorausgehend
pêşîn zuerst; erst(-er, -e, -es)
pêşînan *m* Vorfahren
pêşkêş kirin vorführen, darbieten, aufführen, anbieten
pêşketî fortschrittlich
pêşketin *f* Fortschritt, Entwicklung
pêşnav *m* Vorname
pêşniyar *f* Vorschlag, Empfehlung
pêşve birin vorantreiben
pêşve hatin vorwärtskommen
pêt *f* Flamme
pêtek / pêtik *f* Streichholz
pêywendi / pêwendî *f* Beziehung, Verhältnis
pif kirin blasen, pusten, pfeifen
pijkîn springen
pingav Teich, Wasseransammlung, Lache
pir sehr, viel
piranî *f* Mehrheit, Mehrzahl
pirqînî *f* Kichern
pirs *f* Wort; Frage, Problem
pirsgirêk *f* Problem, Frage
pirsîn fragen, nachfragen
pirsîyar *f* Frage
pirsîyar kirin fragen, nachfragen, befragen
pirtûk *f* Buch
pismam *m* Vetter, Cousin
pistepist *f* Flüstern, Geflüster

pişt *f* Rücken, Rück-, Hinterseite
piştgir *m+f* Helfer(in)
piştgirî *f* Unterstützung, Hilfe
piştî nach
pixêrî(g) *f* Küche
pî *m* Schulter
pîhn *f* Fußtritt
pîhn kirin Fußtritte geben
pîn *f* Hühnerstall
pîr *m+f* Alte(r); Greis(in); alt, bejahrt
pîroz kirin gratulieren, beglückwünschen
pîvan (ab-, aus-)gemessen, vermessen
pîzzacî *m+f* Pizzabäcker(in)
plan *m* Plan
por *f* Haar
poşman bûn bedauern, bereuen
poxzîn / pozxîn betrüblich, traurig
poz *m* Pose, Haltung; Nase
proje *f* Projekt
psîng / **pisik** *f* Katze
pûl *f* Plättchen
pût *f* Götzenbild

Q

qaçax *m+f* Schmuggler(in)
qahwe *f* Kaffeehaus, Kaffee
qaîm / **qewin** fest
qal kirin über etwas sprechen
qalik *m* Schale
qalind dick
qamîş *f* Schilfrohr, Bambus
qas *f* Menge; ebensoviel
qat *f* Stockwerk
qayide *m* Regel, Bestimmung, Basis, Prinzip, Norm
qayîl bûn einverstanden sein
qebûl kirin annehmen, akzeptieren, zustimmen
qeda *m* Unglück, Katastrophe
qedandin beenden, abschließen
qedexe kirin verbieten, untersagen
qedir *f* Respekt, Bedeutung, Würde
qediyan zu Ende gehen, vollenden, beenden
qehirîn sich ärgern, bedauern, sich quellen
qelandin / kelandin kochen lassen
qels schwach, kraftlos
qenal *f* (Wasser-)Kanal, Wasserstraße
qenc gut, wohl
qencî *f* Gutherzigkeit, Freundlichkeit, Wohltat, Güte
qerar dan entscheiden, beschließen
qerax / qirax *m* Rand, Flussufer
qeremanî *f* Tapferkeit
qertê danasîn *m* Visitenkarte, Flyer
qesd *f* Absicht, Ziel, Zweck
qest kirin sich wenden, sich begeben
qestî absichtlich
qet / qe überhaupt (*mit Verneinung*)
qetandî abgeschnitten, geschnitten, verstummelt
qetandin schneiden, abschneiden, abtrennen
qewimîn geschehen, passieren
qewî stark, kräftig, gesund
qewm *m* Volk, Stamm
qey angeblich, vielleicht
qeyde *m* Regel
qeza *f* Vorfall, Unfall
qezenc kirin verdienen
qimet *f* Wert
qirar *f* Entscheidung
qirawat *f* Krawatte

qirik *f* Hals, Kehle
qirpe qirp *f* Aufstoßen, Rülpsen
qise kirin sprechen
qismet *m* Schicksal, Bestimmung, Zufall
qîjî *f* Schrei
qîjînî pê ketin schreien
qîre qîr kirin schreien
qîrîn /qêrîn schreien, laut rufen
qîz *f* Tochter, Mädchen
qonax *f* Palast, Konak
qor *m* Reihe
qorik / qor *f* Bein
qorin schreien (*Tier*), brüllen
qulîk *f* Loch, Öffnung
qumçîk *f* Knopf
qurban *f* Opfer
quretî *f* Stolz
qut abgeschnitten, verstümmelt
qutabî *m+f* Schüler(in), Student(in)
qutî *f* Dose, Schachtel, Kästchen
qûm *f* Sand
qûz / kûz *m* Krug

R

rabûn aufstehen, sich erheben
rabûn û rûniştin *f* Verhalten, Benehmen
rahejandin schütteln
rahet friedlich, gemütlich, angenehm
rahiştin ergreifen, nehmen
rapêçandin einkreisen, umgeben, umbinden
raqib / reqip *m+f* Konkurrent(in), Gegner(in)
rast richtig, wahr; gerade; recht, rechts
rast hatin (zufällig) treffen
rasterast direkt, geradeaus
rastî *f* Wahrheit
rawestan / rawestandin anhalten, stoppen
rawestin stehen bleiben, anhalten
razan schlafen
razî einverstanden, zufrieden
reben arm, unglücklich
reh *f* Wurzel; Weg, Straße
rehetî *f* Ruhe, Entspannung, Bequemlichkeit
rencberî *f* Land-, Feldarbeit
reng *m* Farbe
rengîn bunt, farbig
reqsîn tanzen
resam *m+f* Maler(in)
resim *f* Bild
resmî offiziell, amtlich, öffentlich
reş schwarz
reşahî *f* Dunkelsein
reşandin säen, ausstreuen, verstreuen, verspritzen
reşbelek schwarzweiß, bunt, gefleckt
revandin in die Flucht schlagen, verjagen, vertreiben
revîn / revîyan fliehen, fortgehen, flüchten, rennen
rewa(n) passend, geeignet, adäquat, anständig
rewş *f* Situation, Lage
rewşenbîrî intellektuell
rex neben, an der Seite
reyîn bellen
rê *f* Weg, Straße
rêber *m+f* Führer(in), Leiter(in)
rêç *f* Spur, Fußstapfen
rêkirin verschicken, auf den Weg bringen

rêkûpêk kirin in Ordnung bringen, regeln
rêvebir *m+f* Organisator(in), Leiter(in)
rêvîngî *m+f* Reisende(r)
rêxistin *f* Organisation
rêz *f* Achtung, Respekt, Verehrung; Ordnung, Reihe, Rang
rêzdarî *f* Respekt
rêzik *f* Sitte, Brauch; Methode; Zeile
rih *m* Bart
rihber *m* Lebewesen; lebend, lebendig
rind gut
rizin verderben, verfaulen
rîhan *f* Basilikum
rîsipî *m* Graubart, Ältester, weißbärtig
rohelat / rojhelat / rojhilat *m* Osten
rohelatê nîzing *m* Nahost
rohnî kirin beleuchten, erhellen
roj *f* Tag, Sonne
rojava *f* Westen
rojbaş Guten Tag
rojname *f* Zeitung
rojnamevan *m+f* Journalist(in)
romannivîs *m+f* Roman-schriftsteller(in)
ronî / ronahî *f* Licht, Helligkeit
ronî dan leuchten
ronkbîrî *f* Bildung, Ausbildung
rovî *m* Fuchs
rû *m* Gesicht
rûgeş freu, erfreulich
rûken freundlich, lächelnd
rûn *m* Butter, Öl, Fett
rûniştin sich setzen, sitzen; wohnen
rûpel *f* Seite, Blatt
rûreş entwürdigend, schändlich
Rûsya *f* Russland
rûyê erdê *m* Erdoberfläche

S

sade einfach, unauffällig
sal *f* Jahr; (Lebens-)Alter, (Lebens-)Jahr
salixdan *f* Erklärung, Beschreibung
salon *m* Saal
samî semitisch
sar kalt
saray *f* Palast, Schloss
sarî *f* Kälte, Kühle
savar *f* Weizengrütze
saye *f* Gunst; dank, infolge, aufgrund (von)
saz *f* Klang, Musik, Musikinstrument
saz kirin regeln, bauen, bilden, errichten
sazbend *m+f* Musikant(in)
sazbendî kirin musizieren
se / seg *m* Hund
sebeb *f* Grund, Ursache
sebir *f* Geduld
sed hundert
sekinîn stehen, warten
sekreter *m+f* Sekretär(in)
sema *f* Tanz
sema kirin tanzen
sendîqa *f* Gewerkschaft
ser *m* Kopf, Oberseite, auf, über, darauf, darüber
ser bi ser eins zu eins
ser çeva, ser sera mit Vergnügen, gerne
serbest frei, ungebunden
serbestî *f* Freiheit, Unabhängigkeit
serbilindî *f* Stolz, Würdigung
serdan *f* Besuch
serek *m* Haupt, Führer
serê sibehê frühmorgens
serf kirin ausgeben, verbrauchen
serfirazî *f* Stolz

sergermî *f* Eifer, Erregung
sergo *m* Abfall, Abfallhaufen
serhildan *f* Wiederstand, Aufstand
serkanî *f* Quelle
serketin *f* Erfolg, Sieg, Gelingen; Erfolg haben, gelingen
serma *f* Kälte
sermal *m* Schal
serok *m+f* Führer(in), Oberhaupt, Präsident(in)
serokbajar *m+f* Bürgermeister(in)
seroketî *f* Präsidium, Führung
serpêhatî *f* Ereignis, Vorfall, Geschehnis
serxweşî *f* Rausch
seva für
sêpî *m* Dreifuß, Stativ
sêşem *f* Dienstag
sibeh / sibe *m* Morgen, morgen
sibetir am nächsten Tag
sifre *f* mit Speisen bedeckte Tischdecke
silamet bei guter Gesundheit, in gutem Zustand
silav *f* Grüß
silav lê kirin (be-)grüßen
simêl / simbêl *m* Bart
sinet *f* Handwerk, Beruf
sipartin übergeben, überreichen, anvertrauen
sipehî schön, hübsch
sipî weiß
Sirbistan *f* Serbien
sisê / sê drei
sist schwach, langsam
sitar bûn Schutz (Zuflucht) suchen; einen Unterschlupf finden
sivikî *f* Leichtigkeit
siyaset *f* Politik
siyasetvan *m+f* Politiker(in)
siyasî politisch
sî *f* Schatten
sîlah *f* Waffe
sîng *f* Brust
sîs weiß, hellfarbig
sîstem *f* System
sond xwarin schwören
sor rot
soro-moro bûn rot werden, erröten
sotin verbrennen, brennen
spas Danke, vielen Dank
spêde *f* Morgendämmerung, Sonnenaufgang
spî weiß
standin nehmen, bekommen
starî *f* Zufluchtsort
stêrk *f* Stern
stran *f* Lied, Gesang
stû *m* Hals, Nacken
stûn *f* Säule
suhbet *f* Gespräch, Unterhaltung
suketî enttäuscht
sur / sir *f* Kühle, Frische
sûc *m* Schuld, Fehler
sûcdar schuldig
sûret *f* Gesicht; Bild, Foto
Swêd *f* Schweden

Ş

şa bûn sich freuen
şa kirin glücklich machen, befriedigen
şabaş *f* Gabe, Geschenk, Schenkung
şagird *m+f* Schüler(in)
şahid *m+f* Zeuge, Zeugin
şahî *f* Feierlichkeit
Şam *f* Damaskus
şandin senden, schicken

şaredarî *f* Stadtverwaltung, Stadtgemeinde
şaş bûn / şaş man sich wundern
şax *f* Abteilung, Zweig
şehîn / şêyîn wiehern
şemate *f* Lärm
Şemmer û Enze arabische Stämme
şer *f* Krieg, Kampf
şer kirin kämpfen, streiten, Krieg führen
şerav *f* Wein
şerif ehrenvoll, ehrsam
şerjêkirin schlachten
şerm kirin sich schämen, sich genieren, sich zurückhalten
şermî *f* Peinlichkeit, Unannehmlichkeit
şeş sechs
şev *f* Nacht
şewat *f* Brand
şewitîn brennen, verbrennen, anbrennen; sich sehnen
şewl *f* Licht
şewl dan strahlen, leuchten
şewqe *f* Hut, Mütze
şêl *f* Verhalten, Benehmen, Arroganz
şêlû trübe, unklar
şêr *m* Löwe
şêrîn süß, angenehm, liebenswürdig
şikandin / şikîn brechen, zerbrechen
şikeft *f* Höhle
şikir *f* Dank, Danksagung
şirove kirin erzählen, erklären
şivanî *f* Tätigkeit eines Schäfers
şixul *f* Arbeit, Beschäftigung
şiyar wach
şiyar bûn aufwachen
şivan *m+f* Schäfer, Hirte
şîr *m* Milch
şiîr *f* Gedicht, Poesie
şîn *f* Trauer, Wehklagen
şîn bûn wachsen, sprießen
şîret *f* Rat, Empfehlung
şîrîn süß, liebenswürdig
şîv *f* Abendessen
şkeft *f* Höhle
şop *f* Spur, Wirkung
şopîn verfolgen, aufspüren
şorbe *f* Suppe
şoreş *f* Revolution
şuhret *f* Ruf, Berühmtheit, Ruhm
şuşe *f* Flasche, Glas
şuştin waschen, reinigen
şû *m* Eheman, Mann
şû kirin heiraten (*f. Frauen*)
şûn *f* Stelle, Ort, Platz
şûnde danach, schließlich
şûr *m* Schwert

T

tac *f* Krone
tacegul *f* Kranz
taht *f* Abgrund, Tiefe
talankirin *f* Plünderung, Beraubung; erbeuten
tam *f* Geschmack
tarî dunkel, finster
tarîk *f* Dunkelheit, Finsternis
tarîx *f* Geschichte
tas *f* Schüssel
taswîr *f* Beschreibung, Schilderung
tav *f* Licht, Hitze; Kraft
tavan *f* Geschrei
tavî *f* Frülingsregen
taxim *m* Gruppe zusammengehöriger Dinge
taximek kinc *f* Anzug

tay(k) *m* Ast, Zweig
taybetî *f* Besonderheit; speziell
tayeke por *m* einzelnes Haar
tayîn kirin ernennen, bestellen
tazî nackt, unbekleidet
teala *f* Allmächtiger; erhaben
teknîk *f* Technik
teknîkî technisch
telebe *m+f* Schüler(in), Student(in)
tema *f* Thema
temam kirin ergänzen, vervollständigen
temî kirin befehlen
tenbî *f* Ratschlag
tenê allein, nur
tenişt *f* Seite; neben
teqet *f* Kraft, Stärke
terbiye *f* Erziehung, korrekte Umgangsformen
teref *m* Seite
terh *f* Staude, Strauch
terik *f* Verlassen, Aussetzen
terk kirin verlassen
terkeserî *f* Selbstverleugnung, Selbstüberwindung, Entsagung
tertîb *f* Plan, Ordnung
tesîr *f* Wirkung, Eindruck, Einfluss
teslîm kirin übergeben, anvertrauen,
teşhvîq / teşwîq kirin fördern, ermuntern, anregen, ermuntern
tev mit, zusammen, gemeinsam, ganz, völlig
tev dan umrühren
tevde zusammen, miteinander
tevlîbûn sich mischen, sich anschließen, sich vermengen
tevn *f* Handlung; Gewebe, Struktur
tevna romanê *f* Romanhandlung
tewaf kirin siebenmal die Kaaba umkreisen
tewrat *f* Thora, Altes Testament
tewş nutzlos
text *m* Thron, Brett
teyfik *f* Teller
teze neu
tê da drinnen, im Inneren, innen
têgihandin verstehen, begreifen
têgihîştî intelligent, klug
têk gemeinsam, zusammen
têkel gemischt, vermischt
têkil bûn sich (ver-)mischen, sich anschließen
têkilî *f* Kontakt, Beziehung
têkirin hineinstecken, hineintun
têr satt
têr kirin, genügen, satt machen
tif kirin spucken
tifing *f* Gewehr
tijî voll
tilî *f* Finger
tim immer, ständig, jederzeit
tir außer, sonst
tirbe *f* Mausoleum, Grab
tirî *m* Weintraube
tirkî türkisch
tirs *f* Schrecken, Angst, Frucht
tirsandin beängstigen, erschrecken
tirsîn sich fürchten
tirsonek feige, ängstlich
tirş sauer
tisî ohne Zukost, trocken
tişt *m* Sache, Ding, Angelegenheit
tiştek etwas
tixûb *m* Grenze
tî durstig
tî bûn Durst haben, durstig sein
tîcaret *f* Handel

tîp *f* Buchstabe
tîpguhêzî *f* Transkription
tîrêj *m* Licht, Strahl
tol vekirin Rache nehmen, entschädigen
tomar *f* Rolle, Bündel
top *f* Kanone, Geschütz
top kirin sammeln
tor *f* Netz
tov *m* Korn, Samen Saatgut
toz *f* Staub
tu[1] du
tu[2] nie, gar nicht, nicht mehr
tu car/ tucaran nie, niemals
tûkirin (aus-)spucken
tûr *f* Quersack, Sack
tûrt *f* Hof

U

ulema *f* Gelehrte
umr *m* Leben(-sdauer), (Lebens-)Alter
un / hûn ihr, Sie

Û

ûris *m+f* Russe, Russin
ûsa / usa so
ûsil *f* Regel, Prinzip

V

va das da, dies hier
vala frei
vapor *f* Dampfer
vebûn geöffnet werden, eröffnet werden, sich öffenen
veciniqin zurückschrecken
vedan stechen, ausgraben
veger *f* Rückkehr, Heimkehr
vegerandin zurückschicken
vegerîn zurückkehren, umdrehen
veguhiztin transportieren, tragen
vejandin leben lassen, wiederbeleben
vekirin öffnen, eröffnen
vekirî geöffnet, frei, offen
vekişîn sich zurückziehen, zurücktreten
vemirandin löschen, ausschalten
veqetîn sich trennen
veşartin verstecken, aufbewahren; begraben
veşartî versteckt
vexwarin trinken
vezelîn sich hinlegen
vên *f* Wille, Wunsch, Willenskraft
vêxistin anzünden
vira hier
viyan wollen, wünschen
vîze vîz *f* Zischen, Schwirren

W

wa ha so, derart
wad dan versprechen
wada xwe anîn cih sein Wort halten
wadê wenn, als, sobald
walî *m* Generalgouverneur
wan ihnen, sie
war *m* Lager, Boden, Bereich, Gebiet, Erde
war bûn sich niederlassen, ansässig werden
waris *m+f* Erbe, Erbin
warkor ohne Erbe, ohne Erbin; spurlos
waxt / **wext** *m* Zeit
waz / weiz *f* Predigt
weha so, wie
wek wie, als
weke sowie, wie

wekî als, als ob, dann, wenn, ähnlich, wann
welat *m* Land, Heimat
welatî *m+f* Landsmann, Landsmännin
welê so, also
welle bei Gott
werger *f* Übersetzung
wergirtin Annahme, Akzeptanz, Übernahme, Erhalt
wergîr *m+f* Übersetzer(in)
werimîn anschwellen, aufgebläht sein
werîs *m* Seil, Kordel, Schnur
werz *m* Jahreszeit; Feld
westa müde
westîyayî bûn müde werden, ermüdet sein
weşandin schütteln, streuen
weşanger *m+f* Verleger(in)
weşanxane *f* Verlagshaus
wext *m* Zeit, Zeitabschnitt
wextê ku als, wenn, während
wêje *f* Literatur
wêne *f* Zeichnung, Porträt, Bild, Foto
wênekêş *m+f* Zeichner(in)
wêrîn / wêran wagen, sich trauen
wiha so, wie dies, also
winda vermisst, abwesend, verloren
winda bûn verloren gehen
wir dort
wisa / wisan so
wisa so, auf diese Weise, derartig

X

xani *m* Haus
xanim *f* Frau, Dame
xaniman *m* Familie, Haushalt; Residenz
xatirê we Auf Widersehen!
xebat *f* Arbeit, Tätigkeit, Mühe, politischer Kampf
xeber *f* Mitteilung, Nachricht; Wort, Rede
xeber dan sprechen, reden
xebitîn arbeiten, tätig sein
xelas bûn gerettet werden, befreit werden, beendet werden
xelas kirin retten, befreien, beenden
xelat *f* Preis
xelk *m* Leute, Volk
xelq kirin (er-)schaffen, hervorbringen
xem *f* Kummer, Leid, Pein, Sorge
xemgîr *m+f* Leidende(r)
xemrevîn *m+f* Tröster(in), tröstend
xemzebaz voll Kummer und Sorgen, gramvoll
xerîbî *f* Fremde
xet *f* Linie, Strich
xew *f* Schlaf
xewn *f* Traum, Vision
xewn dîtin träumen
xeyidî bûn ärgerlich sein
xeyidîn verärgert sein, böse sein
xêr / xeyr außer, mit Ausnahme von
xêr kirin wohltätig sein
xêz *f* Linie, Strich
xêzan *f* Ehefrau
xilas / xelas *f* Ende, Schluss, Befreiung
xilas / xelas bûn gerettet sein/werden
xira(b) kirin zerstören, kaputt machen
xirab / xerab schlecht, schlimm, kaputt
xirabî *f* Schlechtigkeit, Bosheit, üble Tat
xistin stecken
xişexiş *f* Rascheln, Knistern
xizanî *f* Armut, Elend
xizmet kirin dienen, bedienen

xof *f* Angst, Furcht
xort *m* junger Mann, jung
xulamtî kirin dienen, bedienen
xurt stark, kräftig, mächtig
xurtî *f* Kraft, Stärke
xuya bûn / xuyîn erscheinen, sichtbar werden, zum Vorschein kommen
xuya kirin aussehen, zu erkennen sein
xwar unter, unten
xwar bûn sich beugen, sich bücken
xwarin *f* Essen, Nahrung; essen
xwaringeh *f* Restaurant, Speisesaal
xwe sich, selbst
xwe qure kirin hochmutig, eingebildet werden
xwedanşan ruhmreich
xwedê *m* Gott
xwedî *m+f* Besitzer(in), Eigentümer(in)
xwelî *f* Asche, Erde
xwendevan *m+f* Leser(in)
xwendin lesen, studieren
xweser eigentümlich, speziell, besonder(er, -e, -es)
xwestin wollen, wünschen
xweş schön, gut, angenehm, erfreulich, schmackhaft, wohl, gesund
xweş bûn genesen
xwey[1] *f* Salz
xwey[2] *m+f* Besitzer(in), Eigentümer(in)
xwezî *f* Wunsch, Verlangen
xwezî pê anîn beneiden, wünschen
xwîn *f* Blut
xwîşk *f* Schwester

Y

yan / ya oder
yan ... yan (jî) entweder ... oder
yanê nämlich, das heißt
yar *m+f* Geliebte(r)
yek eins, ein, jemand, ein(-er, -e, -es)
yekcar einmal
yekem erst(-er, -e, -es)
yekemîn erst(-er, -e, -es)
yekitî *f* Einheit, Vereinigung, Verein, Union
yekta einzigartig, unvergleichlich
yeman geschickt, wunderbar
Yêrîvan *f* Erivan

Z

zabit *m* Offizier, Kommandant
zana *m+f* Gelehrte(r)
zanîn erfahren, wissen, kennen
zarîn weinen, wehklagen
zaro(-k) *m* Kind, Junges
zarokê berşîr *m* Säugling
zayîn gebären, zur Welt bringen; *selt.*zur Welt kommen
zehf viel, ziemlich, zahlreich
zehmet *f* Anstrengung, Mühe, Schwierigkeit; schwer, mühsam, kompliziert
zehmet kêşin / kişandin sich sehr anstrengen, viel durchhalten müssen
zehmetî *f* Schwierigkeit, Anstrengung
zeka *f* Intelligenz, Klugheit
zelal klar, rein
zeman *f* Zeit
zemîn *m* Erde, Boden
zengarî rostig, verrostet
zer gelb
zevî *f* Feld
zewicî verheiratet
zewq *f* Vergnügen, Genuss
zêde viel, übermäßig
zêr *m* Gold

zik *m* Bauch
zilam *m* Mensch, Mann, Individuum
zimag *f* Nordseite eines Berges
ziman *m* Sprache, Zunge
zimanê biyanî *m* Fremdsprache
zimanê dayikê *m* Muttersprache
zinar *m* Felsen, Stein
zindî lebendig, lebend
zingar *f* Rost
zingar girtin verrosten, einrosten
zirav zart, fein, hoch (*Stimme, Ton*)
ziravbihîstiyar feinfühlig
zirîn schreien (*Esel*)
zivirîn zurückkehren, sich auf dem Heimweg machen
zivistan *f* Winter
zîv *m* Silber
zîvarî *f* Armut, Not
zîz traurig
zor *f* Kraft, Macht, Stärke
zorker *m+f* Unterdrücker(in)
zoro / zaro(k)/ zarû *m* Kind
zozan *f* Sommerweide
zû / zûk schnell, früh
zû bi zû schnell, eilig, geschwind

Quellenangabe

Kapitel 1

1. Marên gundê me. In: Mahmûd Baksî: *Zozan*. Internetausgabe: *www.modersmal.skolutveckling. se/nordkurdiska/ders*. Eingesehen am 08. 10. 2002.
2. Özel Diyarbakır Kürt Dili Ögretim Kursu. In: *www.dibistanakurdi.com*. Eingesehen am 27. 09. 2004.
3. Çend salî ye?
   Şiret. Şêrko Bêkes: In: *Beroj*, Hijmar 1 Internetausgabe: *de.geocities.com/malperaberoj*. Eingesehen am 12. 01. 2003
4. Cudayî. Şêrko Bêkes: In *Beroj*, Hijmar 2. Internetausgabe: *de.geocities.com/malperaberoj*. Eingesehen am 12. 01. 2003.

Kapitel 2

1. Dendika erûgê. In: Leo Tolstoy: Internetausgabe: *www.modersmal.skolutveckling.se/nordkurdiska/ders*. Eingesehen am 06. 04. 2002.
2. Ştêfî Graf dîsa li tênis vedigere. In: *www.amude.com*. Eingesehen am 26. 08. 2004.
3. Tam tama çemçikê ye. In: M. Emîn Bozarslan: *Masîyên Bejî. Pêkenokên Gelî I.* Weşanxana Deng, Uppsala, 1987. S. 58-59.
4. Evîn. In: Kemal Burkay: *Berf Fedi Dike*. Weşanên Deng, Istanbul, 1995. S. 10
5. Rojbaş. In: Kemal Burkay: *Berf Fedi Dike*. Weşanên Deng, Istanbul, 1995. S. 13.

Kapitel 3

1. Kêr û Çetel. In: Erebê Şemo: *Berbang*. Internetausgabe: *www.modersmal.skolutveckling.se/nordkurdiska/ders*. Eingesehen am 24. 05. 2002.
2. Bîroya PENa Kurd a li Stenbolê şahiyek li dar xist. In: *www.amude.com*. Eingesehen am 30. 12. 2004.
3. Bila çar perçe be!
4. Sibehê dilê min. Gulistan Dêrikî. In: *www.tirej.net*. Eingesehen am 13. 11. 2004.

Kapitel 4

1. Masîyên Bejî. In: M. Emîn Bozarslan: *Masîyên Bejî. Pêkenokên Gelî I.* Weşanxana Deng, Uppsala, 1987. S. 60-64.
2. Ji bo gel û hunera Kurd serbilindîyeke teze. In: *www.rojanu.org*. Eingesehen am 30. 09. 2004.
3. Di pey A re kîjan herf tê?

4. Gulfiroş. In: Cigerxwîn: *Dîwana Yekan. Sewra Azadî.* Weşanên Deng, Istanbul, 1992. S. 196.

Kapitel 5

1. Rabûn û Rûniştin. Kamiran Alî Bedir-Xan. In: *Hawar*, Nr. 30 (1. Juli 1941). Neuausgabe von F. Cewerî: Weşanên Nûdem, Stockholm, 1998. S. 759.
2. Li Almanyayê perwerdeya zimanê kurdî. In: *www.diljen.com.* Eingesehen am 06.11. 2002.
3. Ez meymûnê naxwazim.
4. Leşkerê Winda. Evdila Peşêw. In: *Beroj*, Hejmar 1. Internetausgabe: *de.geocities.com/malperaberoj*. Eingesehen am 12. 11. 2003.

Kapitel 6

1. Sazbendên Bremenê. In: Baran: *Dersên Zimanê Kurd.* Weşanên Roja Nû, Stockholm, 1988. S. 151-154.
2. Şeva çandî û wêjeyî ya hunermenda kurd a herî bi nav û deng GULÎSTAN li Oldenburgê. In: *www.yeziden.de.* Eingesehen am 01. 10. 2004.
3. Ji jina xwe natirse!
4. Dayê. Jana Seyda. In: *Nivis. Kovara Malpera Amûde.* Hejmar 1. Internetausgabe: *www.amude.de.* Eingesehen am 20. 11. 2004.

Kapitel 7

1. Bîsmîllahîrrehmanîrrehîm. Mîqdad Mîdhet Bedirxan. In: *Kurdistan*, Nr. 1 (22. April 1898). Neuausgabe von M. Emîn Bozarslan: Weşanxana Deng, Uppsala, 1991. S. 111-116.
2. Li Hannoverê şevek ji bo xwendina helbestên kurdî. In: *www.amude com.* Eingesehen am 10.12. 2004.
3. Feyda ziman.
4. Rûken be. In: Kemal Burkay: *Azadî û Jîyan.* Weşanên Roja Nû, Stockholm, 1988. S. 12.

Kapitel 8

1. Mar dûvê xweyî qut bîr nake. In: Ordîxanê Celîl, Celîlê Celîl (Hrsg.): *Mesele û Met'elokê K'urda. Bi Zimanê K'urdi û Rûsî.* Rêdaksîa sereke ya edebîata rohlatê, Moskva, 1972. S. 389-390.
2. Merivê bê derdî bê kirase. In: Ordîxanê Celîl, Celîlê Celîl (Hrsg.): *Mesele û Met'elokê K'urda. Bi Zimanê K'urdi û Rûsî.* Rêdaksîa sereke ya edebîata rohlatê, Moskva, 1972. S. 393.

3. Pirtûkeke dersê ya nû. In: *www.diljen.com*. Eingesehen am 10. 12. 2003.
4. Lawik hêdî dimeşya.
5. Bahoz. Osman Sebrî. In: *www.tirej.net*. Eingesehen am 08. 02. 2004.
6. Pîrozî. Osman Sabrî. In: Hemreş Reşo (Hrsg.): *Helbestên Osman Sabrî (Apo)*. Ratingen (?), 1981 (?). S. 151.

Kapitel 9

1. Zilamek û zimanek. Herokol Azîzan. In: *Hawar*, Nr. 40 (28. Februar 1942). Neuausgabe von F. Cewerî: Weşanên Nûdem, Stockholm, 1998. S. 944-946.
2. Ji weşanxaneya Belkiyê li Amedê du Romanên nû. In: *www. amude.net*. Eingesehen am 04. 12. 2004.
3. Dims ji çi çêdibe? In: M. Emîn Bozarslan: *Masîyên Bejî. Pêkenokên Gelî I.* Weşanxana Deng, Uppsala, 1987. S. 3.
4. Bilûra min. Seydayê Gerok. In: *Hawar*, Nr. 32 (1. September 1941). Neuausgabe von F. Cewerî: Weşanên Nûdem, Stockholm, 1998. S. 798.

Kapitel 10

1. Bedirxanî; mîrên Kurdan, xwedanşan, lê bindest. In: Mehmed Uzun: *Bîra Qederê*. Weşanên Sara, Stockholm, 1995. S. 25-30.
2. Li Rûsya Federal zarokên kurd ên êzîdî fêrî zimanê kurdî dibin. In: *www.amude.com*. Eingesehen am 25. 01. 2005.
3. Navê cehş bi Tirkî çi ye? In: M. Emîn Bozarslan: *Masîyên Bejî. Pêkenokên Gelî I.* Weşanxana Deng, Uppsala, 1987. S. 30.
4. Gula Rojhilat im. In: Cigerxwîn: *Kîne Em?* Pelê Sor Yayınları, Istanbul, 1991. S. 140.